名师成长书系

# 教育新视野

## 创新教育理论与实践

刘志伟 著

哈尔滨出版社
HARBIN PUBLISHING HOUSE

图书在版编目（CIP）数据

教育新视野：创新教育理论与实践 / 刘志伟著 .
— 哈尔滨：哈尔滨出版社，2021.3
ISBN 978-7-5484-5908-8

Ⅰ . ①教… Ⅱ . ①刘… Ⅲ . ①创造教育
Ⅳ . ① G40-012

中国版本图书馆 CIP 数据核字（2021）第 045512 号

书　　名：教育新视野：创新教育理论与实践
JIAOYU XINSHIYE : CHUANGXIN JIAOYU LILUN YU SHIJIAN

作　　者：刘志伟　著
责任编辑：曹雪娇
封面设计：笔墨书香

出版发行：哈尔滨出版社（Harbin Publishing House）
社　　址：哈尔滨市香坊区泰山路82-9号　　邮编：150090
经　　销：全国新华书店
印　　刷：武汉颜沫印刷有限公司
网　　址：www.hrbcbs.com　　www.mifengniao.com
E-mail：hrbcbs@yeah.net
编辑版权热线：（0451）87900271　87900272

开　　本：710mm × 1000mm　1/16　印张：13.25　字数：210千字
版　　次：2021年3月第1版
印　　次：2022年8月第2次印刷
书　　号：ISBN 978-7-5484-5908-8
定　　价：46.00元

# 目录

CONTENTS

## 第一章　创新创客教学研究

## 第二章　创新创客教学设计



## 第三章　创新创客课题研究



## 第四章　创新创客作品介绍

# 第一章

# 创新创客教学研究

# 绿色加油站

## ——刘志伟名师工作室建设的实践探索

佛山市南海区九江镇初级中学　刘志伟

### 一、刘志伟名师工作室概况

刘志伟名师工作室，是2010年首批授牌的广东省初中生物学唯一的名师工作室，也是南海区初中和小学生物学和科技教育的唯一名师工作室。工作室成立以来，在广东省教育厅和南海区教育局的大力支持下，承担骨干教师跟岗培训超过50人次，承担各类培训超过30场次，培训教师超过5000人。

刘志伟名师工作室的logo及其说明如下：

logo体现了刘志伟名师工作室倡导培训思想的四大元素：绿色、创新、共赢、发展。logo的两片叶子，代表绿色，因为绿色为生物生长带来能量，而工作室培训好比是教师的绿色加油站，助推教师专业发展。同时，两片叶子也代表主持人和学员的共同成长，因为工作室培训要达到主持人和学员共同发展的培养目标；一个圆点，代表创新，代表生命，因为创新要有创新点，生命要有生长点。而教育改革和创新，是教育发展的永恒主题，科技创新教育是该工作室的一大特色和亮点。教师需要成长，成长需要生长点；一个圆圈，代表教师对专业发展这一理想的圆满追求。

该工作室积累了初中全套教材的课件、教案，开发了数十个创新教学案例，撰写的教育教学体会和读书笔记超过300篇，在省级以上刊物发表论文超过 10 篇，出版跟岗成果集 1 本和工作室简报 17 期。2015 年经考核刘志伟被评为广东省优秀工作室主持人。

## 二、工作室理念

以推动教师专业发展为出发点和落脚点，以“导师引领、同伴互助、自我研修”为途径，以研究课堂教学的有效性、高效性和创新性为主要抓手，以研究生物科技创新为特色内容，使工作室成为广东省教师专业发展的加油站。

## 三、工作举措

### 1. 培训举措

（1）向导师学习。通过与主持人全方面接触，汲取主持人的教育思想和实践经验，分享主持人的教育智慧，并将学到的先进教育理念、教学方法应用于教育教学实践。

（2）向同行学习。创设条件让学员相互学习，通过集体备课、双向听课、说课评课等形式，构建温暖的学习共同体，实现共同发展。同时采取网络交流和学习的方式，要求学员每天浏览工作室的公众号、微信群和 QQ 群，每周至少一次在交流平台发表个人学习心得、感想和体会。

（3）向自己学习。引导学员进行自我反思和总结，寻找、挖掘和强化自己的闪光点、特长和优势潜质，不断形成自己的教学风格。

### 2. 管理举措

（1）组织分工：选一名学员任组长，协助主持人开展工作，主要负责联络成员、跟进工作；另选一名任副组长，主要负责资料整理、网络平台维持和对外宣传。

（2）活动平台：建立微信群、QQ 群和公众号，进行网上交流，每天登录 1 次以上；跟岗研修结束后，工作室每一至两年组织一次成果交流与展示活动。

## 四、培训内容

### 1. 研究课题

每个工作室可以有自己的主打研究课题。该工作室给学员推荐的选题有：初中生物学创客教育的实践研究、生物学创新课堂教学模式的研究、初中生物教师专业发展的研究。各学员在主题下选择小课题进行研究。学员也可根据自己的兴趣特长和可利用资源选择一个研究课题。

2. 教学研讨

就课堂教学方面，该工作室主要围绕课堂教学的有效性、高效性和创新性等方面进行研究。就教学内容而言，主要围绕两大板块进行探讨：

（1）生物教学与科技创新创客的研究。

（2）生物教学与信息技术的整合研究。

3. 专题讲座：主持人核心讲座有智慧点亮人生、青少年科技创新的指导、如何开发校本课程、如何构建高效课堂、一线教师如何搞教育科研、生物教学与信息技术的有效整合、一线教师如何开展课题研究。

## 五、培训特色

1. 帮助学员自我诊断与规划。每个学员来跟岗时必须完成个人专业发展的自我诊断与规划，使其明白自己的发展优势在哪，面对的困难是什么，如何扬长避短，更好地实现自身的教育价值。

2. 创新创客教育研究。通过主持人专题讲座、获奖作品介绍等形式，学员了解生物科技创新创客的内容、方法和途径，并尽可能在科技课程开发、教学方案设计等方面著出作品。

3. 培训引入竞赛机制。学员在跟岗期间，举行研讨课、案例开发等方面竞赛，以比赛提高培训质量，促进成长。

4. 培训后的发展跟踪。跟岗研修结束后，工作室每一至两年组织一次成果交流与展示活动，为学员搭建一个汇报发展、展示成果的交流平台。

## 六、发展远景

做实做强我工作室的培训特色、培训品质，把工作室建设成广东省甚至全国有较大知名度和影响力的品牌名师工作室。

## 七、工作室平台

1. 工作室公众号：lzw105999，名称：刘志伟名师工作室。

2. 工作室博客：http ：//blog.sina.com.cn/kjcxc，名称：科技创新室。

附：工作室活动图片精选

结业典礼

广东省生物骨干教师跟岗学习总结顺利完成

（本文发表于《中小学教育》2017 年 11 月）

# 创新引领发展

## ——我的教育思想与实践

佛山市南海区九江镇初级中学　刘志伟

教育是影响学生生命发展的事业。布鲁姆说:“教育是一种改变学习者的过程。”叶澜教授说:“教育是以人为本的社会中最体现生命关怀的一种事业。”张广君认为教育是“文而化之，助而长之”，教学“不是为了直接滋养物质生命的过程，而是根本为了人类生命的别样特点与意义——人类精神的显现与成熟，为了促进物质生命的有效教育和精神文化生命（意义）的有效生成”。可见，教育是阳光下点亮生命的最光辉的事业。

### 一、教育是启迪学生创新的工作

学生是生命成长的主动构建者。学生通过学习，构建出适合自己的成长方式和成长道路，创造性地发展自身的潜能。教师要从学生实际出发，以生为本，使教育适合学生发展需要，促进学生创新发展。陶行知说过:“教育不能创造什么，但他能启发、解放儿童的创造力，以从事创造之工作。”他在《创造宣言》中说:“天天是创造之时，处处是创造之地，人人是创造之人。”可见，创新是人的本性，人人都具有创新的潜能；创新是人生存的需要，只要人存活一天就离不开创新。联合国教科文组织也在《学会生存》中指出:“教育既有培养创造精神的力量，也有压抑创造精神的力量。”因此，教师要思考如何最大限度地尊重和激发学生的创新潜能。

综上所述，我认为，教育是作用于人生命发展的事业，是点亮生命的火焰，是助长生命发展的过程。创新是生命发展的本性，是生命发展的需要，也是教育发展的需要。这里所说的“创新”，是指对学生施以教育和影响，使他们能够认识和发现新知识、新思想、新事物和新方法，为将来成为创新型人才奠定全面的素质基础。

坚信每个学生都是有为的、可以造就的。我的人生追求是：在平凡中求不平凡，追求有为；在常规中求不守旧，追求创新；在前进中找新思路，追求发展。我的人生观反映了有为、创新和发展的教育思想。我的教育理念是：所有学生都是“有用”之才，创造潜能同样深厚。在“创新”面前，没有后进生与尖子生的差别，每个孩子都有自己心中的梦想，都是一块有待开发的土地，都可以实现“天生我才必有用”的目标。我的教育观体现了有为和创新的教育思想。

教育要激发学生潜能、解放学生思想。我认为教师应该更多地以欣赏的眼光看待学生，使每个学生的潜能得到最大限度的发挥，最大限度地实现人生的价值。我的教学观反映激发潜能（简称激能）的教育思想。教师评价要为了学生的科学发展，为促进学生的成长提供正能量。传统的评价是老师按自己的意愿设计内容，按一定标准来规划学生的行为，给学生一种强制的、令人生畏的外在束缚力量，十分不利于挖掘和发挥人的各种潜能。

**1. 不能用“一把尺子”衡量学生**

对学生的评价，从功能上看，要由控制（保护生命）变为激扬（创造生命），从保护成长到适应成长；从内容上看，要强调在共性发展基础上的个性发展和创新发展，这样充分发展人的个性特长和创新才能，适应生命个性发展的需要；从评价方式上看，要多元评价学生，不能用“一把尺子”去衡量每一个学生，而应有“多把尺子”，用不同的尺子评价不同学生，以利于不同学生的个性发展和创新成长。正确的评价观反映了发展的教育思想。

**2. 创新是学生适应未来发展的需要**

达尔文的生物进化论认为“物竞天择，适者生存”，生物只有不断进化发展，才能适应和生存。同理，学生只有创新发展，才能适应不断变化的社会发展。教育是外部施加的影响，只能通过学生自身起作用。教育只能促进发展，干预发展，而不能代替发展。教师要创造条件，让学习和创新成为促进学生成长过程的一部分，学生才能更好地创新发展。

**3. 创新是国家发展的需要**

建设创新型国家，实现中华民族的伟大复兴梦想，迫切需要培养创新人才。我国领导人十分重视创新人才的培养：比如，邓小平同志历来提倡并身体力行创新的精神，主张敢想、敢试、敢闯，针对新情况、新问题提出新思路与新方法。江泽民同志重视知识创新，指出:“创新是一个民族进步的灵魂，是国家兴旺发达的不竭动力。”习近平同志重视创新人才的培养，强调“创新的事业呼唤创新的人才”，指出:“科技是国家强盛之基，创新是民族进步之魂”“要坚定不移创新、创新再创新，加快创新型国家建设步伐”。

**4. 培养创新精神是素质教育的核心内容**

《中共中央关于教育体制改革的决定》明确提出，社会主义“四有”新人，不仅要有为国家富强和人民富裕而艰苦奋斗的献身精神，而且“应该不断追求新知，具有实事求是、独立思考、勇于创造的精神。”《中共中央、国务院关于深化教育改革全面推进素质教育的决定》中指出:实施素质教育，要以培养学生的创新精神和实践能力为重点。

## 二、教学实践中的策略

**1. 树立“为了发展”的教育宗旨**

我认为教育的宗旨是为了学生的科学发展，教育目的是使人活得更好。学生的能力和层次是不同的，好的教育不是要求所有的学生都在考试或比赛中取得好成绩，而是要让学生在自己现有的基础上得到新发展。因此，我不要求每一个学生都在学习方面分数高、成绩好，而是可以超越自己，有新梦想、新追求和新发展。在我看来，学生无论是获得“卫生标兵”还是“创新标兵”，都意义非凡。我认为只有适合学生发展需要的教育才是好教育，好比价格高低不是评判鞋子好坏的标准，合脚的鞋子才是好鞋子。在生物教学和科技活动中鼓励学生大胆尝试标新立异，强调追求新观点、新思路、新看法和新尝试。如对于在课堂中敢于发言的同学，特别是有不同意见和想法的，不管对否都给予肯定和鼓励，甚至给予“勇敢同学”“创新同学”的表扬，至于对错另当评论。这样的目的就是鼓励学生勇于创新，敢于探索，促进学生创新发展。

**2. 奉行“教人创新”的教育准则**

创新是教育的有效方法和载体，能培养学生在共性基础上的个性发展，培育“真人”。例如，在指导学生开展生物科技活动时，认为每个学生都能进行创新发明，都能求真，虽然大的创新突破有一定难度，但老师可以给予学生鼓励和引导。比如，有学生曾提出把鲜花的花期从 5 天延长至50天的想法，虽然老师知道这样的想法很难实现，但不应轻易否定，而是鼓励学生通过实验等手段把想法付诸实践。而当学生真正动手做实验时，老师则在设计实验方案、选取试验样本、控制实验流程等环节给予学生合理建议，让学生学会用科学实验的手段验证设想，形成科学实验的理念。前者是使学生在未来的科学研究中受用的研究方法，而后者则是使学生在科研和生活中获益的真知。每个学生都具有创新能力。创新是人与生俱来的本能，只是程度不同而已。许多人认为，创新一定是凭空创造出某一物件，这种观念是片面的。人无我有是创新，人有我优也是创新。人们常常认为，创造发明只有当其可以在生活中被实际运用和推广，它才是好的创造发明，才具有价值。可我却认为，不存在“没价值”的、“不好”的发明。如在一支铅笔上钻个洞，这其实也算是创新，因为别人发明出来的铅笔本来没有洞。这样一支有洞的铅笔有人会说“无用”，但我会找到它的“有用”之处。这样的创新可能对提升我们的生活质量并没有太大的帮助，但从某种角度来说，这样的创新就是有价值的，因为学生在动手给铅笔钻洞的过程中，学到了具体的操作方法，也体会到创新的意义。学生的思想变得不一样了，在看待生活中的其他事物时，视角就会不同。

### 3. 实行“创新运用”的教育策略

创造性地运用知识能有效地检验和评价学生的学习和发展。学习知识要创新运用，应注重学习的情境和体验。创造性地运用知识的实践，应把知识学习与社会实践和科技创新结合起来，只有灵活地、创造性地运用知识，才能消除“死读书、读死书、读书死”的应试教育弊端。不会创新运用知识的教育是死教育，不会创新运用知识的学生是死学生。应把能否创新运用知识看作是衡量和评价教育效果的重要标准。科技创新活动是创新运用知识的重要载体。在生物教学中积极创造条件开展科技创新实践活动，如指导学生进行调查、参观、实验、专题研究等活动，积极创造条件，多角度、多层次、立体式为学生搭建创造性地运用知识的平台，提升学生科学发现问题和解决问题的能力，促进学生的科学发展。正如陶行知所说：“行动是老子，知识是儿子，创造是孙子。”只有实践才能出真知，只有运用知识才能检验知识，只有创新发展才能赢得未来。

## 三、教育案例

在教学中，我碰到过各种类型的学生。无论哪一种学生，我都依据他们的学习兴趣和个性特长加以培养，让他们找到自己的创新发展方向。近10年，我指导的学生中，其科技作品有69项获国家专利，作品内容涉及电子学、材料学、机械力学、生理学等领域。

### 1. 调皮鬼成了发明大王

3年前，有一个学生小曾，出了名的调皮，经历了无数次的老师谈话，仍不见改变，让老师们头痛不已，束手无策。虽然调皮，可他在参加科技活动时却很投入。因为喜欢动手制作，他自创了一套酿酒法，尝过他酿的酒的人，都会对他竖起大拇指。我看到了他的这个优点，认为他在科技创造上一定能做出成绩，鼓励他多动手，多创造。他于2010年和2011年参加全国青少年创意大赛，分别获得银奖和金奖，3项作品获得国家专利和著作权登记。由于科技创新成绩出色，初三毕业后他就被澳大利亚一所高中录取了。

### 2. 学困生成了发明爱好者

2000年，初中毕业的小超，由于存在智力障碍，从初一开始，上课难以集中注意力，学习成绩很差，七门功课总分都不到100分。但是，他在上科技课时却异常专注，时不时还有一些自认为得意的小发明作品交给老师，比如将普通的凳子改造成可伸缩的、可折叠的、会发光的。我不断地鼓励、引导他发明创造。虽然他没有获得多大的创新成绩，但从一个生活都不能完全自理的学困生，逐渐成为了一个能够自理生活的有创新爱好的科技爱好者。

（本文发表于《教育》2014年10月）

# 实践成就有为，创新引领发展

## ——融合初中生物学科背景下的综合实践探究活动初探

佛山市南海石门实验中学　刘均钰

我校开展有为教育以来，“疑、展、评”教学活动让课堂生机勃勃，教师的教育更具智慧，学生的学习更显主动。在这样的目标和愿景的引领下，生物探究活动整合了校园、家庭、社区的资源，从形式、组织上加以创新，得到良好发展。

## 一、课外探究，主动创新

我校生物教学围绕“有为教育”，笃信“知行合一”理念，注重学生把课堂的生物学知识转化为生活实践，学以致用，把学生培养成“愿为、能为、善为”的有为少年。为此，我们利用各种假期指导学生完成各项课外探究活动，并对活动结果进行及时展示和评价。

### 1. 整合家庭资源——假期科学探究活动

假期科学探究活动，是学生利用周末或假期走进社区、走向社会，以个人独立或小组合作的方式完成一项课题研究，把所学的生物知识融入实践，加以创新。例如，“我眼中的花市”“葡萄米酒夜光杯——酿酒体验活动”“一人一花——盆栽种植活动”“蚕宝宝成长日记——养蚕体验活动”“心灵手巧来折纸——折出我喜爱的生物”等主题活动中，学生不但丰富了动手实践经验，还锻炼了交际能力，营造了其乐融融的探究科学的氛围。反复体验领悟科学与生活、创新与实践之间的密切关系，可以引导学生积极思考，努力把自己发展成为思维敏捷、积极实践的个体。

开展以上活动，让学校的科技教育和探究活动辐射到家庭，把学生的学习延伸至家庭生活，努力培养学生具有热爱科学、主动探究的为学态度，这是我校“开展有为教育，培养有为少年”的重要组成部分。

2. 整合社区资源

陶行知先生说过“生活即教育，社会即学校，教学做合一”。社区作为学校科技教育重要的社会资源，我们一直在努力整合，把活动辐射到社区中去。2012年12月，我校部分师生参加了狮山镇食品安全现场咨询活动，在教师的指导下，学生带上录音笔、笔记本、摄录机等走到咨询会现场展开调查研究，了解食品安全相关知识，获益匪浅。此次成功的案例作为课例编入南海区中学《综合实践活动》教材。又如邻近我校的狮山健康体验馆开馆后，我们鼓励学生到场体验，学习健康科学知识。参观、访问馆长等活动可以引导学生把自身的体验需求融入社区资源，做到身边处处有学习资源、时时有研究问题。

绿研社的同学每天对植物进行观察和记录

同学们正在做定性测量实验，探究水果中维生素C的含量

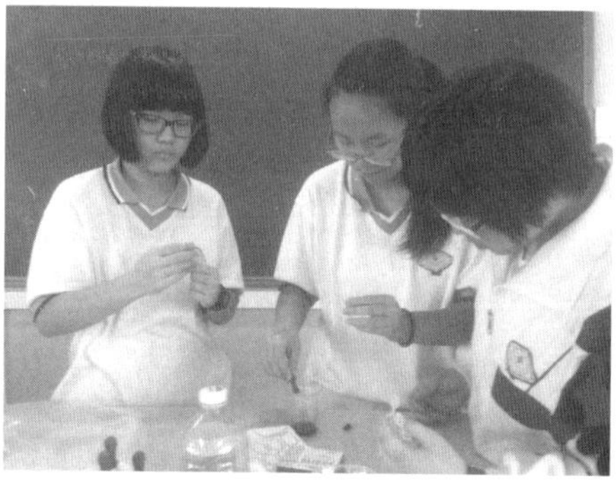

同学们研究校园中的植物的多样性

## 二、课程超市，创新阵地

为丰富课程内容，为学生的兴趣爱好和特长提供一个发展与展示的舞

台，充分满足学生全面提升、个性发展的需要，我校在每周一至周五开展课程超市活动，课程达100多种，其中结合生物实验、科技创新类别的课程吸引了学生的积极参与，别具特色的要数绿研社。这个课程主要是以学生社团的形式，由教师指导开展环保创新活动。绿研社主要是招募七年级热爱绿色环保研究的同学，在指导老师的精心引导下，坚持社团成员自主管理，以校园环境为基地，以生物实验室为研究平台，积极开展一系列丰富多彩的环保研究活动。

**1. 发豆芽及烹饪活动**

结合七年级生物课教学内容，绿研社开展了发豆芽体验活动。总结了去年做法的基础上，本次活动在材料准备、过程组织和展示交流、总结反馈等形式上加以改善和创新。学生记录了绿豆发芽的过程，有组织地每天到实验室给豆芽补水，以光为变量设计对照实验等。甚至有部分成员开展了“豆芽茎长研究”的探究实验。通过这个主题活动，学生除了见证了小生命繁衍的过程，还更加关注食品安全，看着他们品尝自己培植的绿豆芽菜的喜悦和满足感，我知道这是其他课堂不能给予的。

同学们自己培植的绿豆芽菜

同学们正在亲手烹饪自己培植的绿豆芽菜

**2. 校园喷水池水体微小生物的观察**

在一次活动上，一名学生激动地对我说：“老师，你看我们学校的喷水池怎么这么脏啊？”于是，我们便决定下一个活动以探究喷水池水质为主题。基于8位成员都已学习过显微镜的使用方法，最后便确定以研究水中的微小生物为课题。从户外采样到实验室利用显微镜观察，同学们的行动是自主而积极的，后来大家还发现了许多单细胞藻类和有趣的小动物。下学期我们将对这些微小生物进行深入分析，总结出一个利用微小生物鉴定水质的方案，为进一步改善校园池塘的生态环境展开有效研究。

3. 携手共建绿色天地——植物园建设活动

我校植物园承担了教学教研和户外拓展探究的功能。而园区内植物的维护主要由绿研社的同学负责，包括每天利用大课间的时间前来浇灌植物，以及新购植物的移盆和幼苗移植等工作。这些工作是同学们的自愿行为，说明每周两次的绿研社课程有效地激发了同学们的兴趣，并把兴趣变成了实际行动，参与到校园绿化建设中，这便是这门选修课最让人欣慰的成果。

此外，绿研社还尝试进行 DNA 折纸活动，通过设计巧妙的方法折出与真实 DNA 具有相同结构的模型，把微观、抽象的生物结构放大为形象的纸质模型，让学生感受生命的魅力。

## 三、科技节：为孩子提供科技创新的舞台

自 2009 年开始，我校每年定期举行主题鲜明的科技节活动。每届科技节均成立活动组委会，由学校教研处统一部署，由各教研组制订活动内容和评价方案等，再通过宣传组策划宣传，由班主任通过班会课向学生宣布。在简单而隆重的开幕式中，为期一个月的科技节有条不紊地进行着。活动尾声利用闭幕式表彰积极参加或成绩突出的集体和个人，把活动推向高潮。学生往往意犹未尽，科技节留给他们的，不但是美好的回忆，还点燃了一把积极参与科学探究、勇于创新的火种！

生物折纸大赛作品：蝶恋花

生物折纸大赛作品：海洋生态系统缩影

生物的探究活动使课堂教学不再僵化，学生的求知欲增强了，课堂教学充满了活力，使知识和技能成为生命与生命互动交流的桥梁。

再一次引用陶行知先生的话："让学生走上创造之路，手脑并用，劳力

上劳心，这需要六大解放：一解放眼睛，二解放双手，三解放头脑，四解放嘴，五解放空间，六解放时间。”教师在更新观念后首先要不断提高自身素养，使行动与意识相一致，才能在实验教学和探究活动中实现“实践成就有为，创新引领发展”，引领学生走向有为，让自己与学生共成长。

本文发表于《生活教育》2016 年 10 月刊

# 基于STEAM教育的初中创客校本课程建构与实践

佛山市南海区西樵镇西樵中学　刘志军

**【摘　要】**近年来，社会上的创客课程非常火爆，而在学校，创客校本课程也是如火如荼地推进。创客校本课程是以学生为主体，教师为主导，学生“创造”为主要的实施方式的一门新课程。这既要有相关的知识、技能，也要有一定的经验与素养；项目是组织形式，兴趣是驱动，知识是基础，素养与能力是关键。基于STEAM教育理念的初中创客校本课程建构，就是将创客校本课程的研发建立在STEAM教育理念下，通过对学校师生感兴趣的、与现实生活密切联系的、涵盖德智体美劳等各领域的跨学科项目任务的课程设计，构建起知识性与趣味性相结合、基础性与发展性相统一、素质化与个性化相统一，适应学生素质提升和潜能开发的、完备而富有特色的校本课程体系和运行机制。本文主要论述我校自建立创客工作室、开设创客校本课程以来的创客校本课程的建构与实践经验。

**【关键词】**STEAM教育　创客校本课程　建构与实践

爱因斯坦说过：“如果把学生的热情激发出来，那么学校所规定的功课就会被当作一种礼物来领受。”在大众创业、万众创新的新时代，为适应21世纪人工智能教育发展的需要，我们利用设施完备的创客教育工作室，积极开展初中创客校本课程建设研究，通过开设3D打印与设计、创客魔方机器人、科技创新小论文、创意发布展示、作品创造加工、特色主题学习等模块的创客课程，把学生的创作热情激发出来。借助数字化工具，倡导创新理念，组织跨学科项目学习，建构起STEAM教育——科学、技术、工程、艺术、数学的相关知识体系，培养学生的创新精神和创造力，把这个最好的礼物送给我们的学生。我国学者祝智庭等人认为，创客教育中融合了体验教育、基于项目的学习、创新教育以及 DIY 等理念中的多种元素，着重培养学生动手创建、精益求精、尚工重器的“工匠精神”。教育家陶行知先生说：“教育不能创造什么，但它能启发儿童创造力以从事于创造工作。”STEAM 教育课程的建构，实现了郭沫若说的：“教学的目的是培养学生自己学习，自己研究，用自己的头脑来想，用自己的眼睛看，用自己的手来做这种精神。”

## 一、确立适合、贴切的创客课程建设目标

“手脑双全，是创造教育的目的。”所以，STEAM 教育理念下校本课程的建构目标，应该以激发和培养学生的创新思维、创造能力为目标，必须与经济社会的发展、时代的需求和学生的创新发展需求相适应。传承“工匠精神”，“工匠精神”特指创造者所具有的“精益创造、雕琢不辍，力求尽善尽美、享受细节升华”的人格品质。在教学过程中，教师应鼓励学生“积极发现问题、充分感知细节、勇于尝试变化、执着追求成果、精细应用工具、专注静心打磨”。创客代表了一种独特的实践方式。如“贴近生活进行观察，创造性地运用各种技术和非技术手段，通过分享和协作发现问题、解构问题、探索解决方案，反复验证、优化迭代，制出成品”。这一系列的行为能力共同构成了创客能力。基于此，我们把“尊重个性发展，培育创客精神，提升创新素养，提高办学品位”确定为校本课程建设的总目标，并依此确立了培养发展学生的特色特长、创新精神和造物理念的学生发展目标和促进教师更新教育观念，提高课程开发能力，培养具有鲜明风格的创客型教师的教师发展目标。

## 二、建构校本化的创客课程结构体系

我校在校长、科研室主任的领导下，建构相对规范的校本化 STEAM 课程结构体系，从而实现创客课程目标。在充分论证、研究的基础上，以广域建设、特色发展为策略，以学科教学的拓展延伸、地方课程的有机整合、体艺活动的充分挖掘、德育教学的系统优化等为途径，研发了以“樵山人文”为主题，以 3D 打印与设计、科技创新、信息学编程、创客魔方机器人、科学实验、科技体育等为特色的模块课程 20 多门。借助数字化

工具和跨学科任务学习，横向上采取“选修+必修”的形式，纵向上组建“普及型+社团型+精英型”课堂，以菜单式选课、走班制学习、网格化管理、学分制评价的教学组织方式，通过“情景体验”“问题解决”式学习，培养学生创新思维和造物能力。

## 三、设计科学的STEAM课程运行机制

### 1. 培训机制

有效的培训能凝聚人心、达成共识。STEAM校本课程的研发和实践，对师生来讲是一种全新的理念，需要通过各层次的培训增强对学校课程文化的认同感，提升专业素养和行为能力。教师培训方面，主要抓好STEAM课程开发背景、开发理念、实践方法、设计流程、教学技能和应用经验的培训，以提升教师对课程的执行力。家长培训方面，主要通过家长会或活动现场观摩，让家长了解STEAM课程开设意图、门类，让校本课程得到家长支持，并让家长帮助学生选择适合的课程。学生培训方面，专题讲座、活动视频宣传、STEAM课程推介、创客工作室实践等活动，让学生了解各个课程门类的教学内容、授课要求、培养目标等，以便学生依据自己的兴趣和爱好自主确定和选择课程。

### 2. 研发机制

（1）成立STEAM校本课程研发团队。学校办学品质的竞争，一定是高品质人才团队的竞争。学校成立由学校领导、教师、学生、家长代表共同参与的学校课程开发委员会，为学校课程开发提供组织和制度保障。委员会下设领导、研发及测评三个小组。领导小组是课程管理的业务机构，负责任务与意见的上通下达，进行课程实施和质量管理。研发小组是课程开发的执行机构，主要负责各模块项目课程的研发，编写课程方案、教学设计、评价及测量标准等。测评小组是课程质量的评估机构，主要负责课程组织实施、效果评价、反馈和评估等。

（2）做好各模块课程的前期论证和评估。“行是知之始，知是行之成。”做好拟开设课程的前期调研和论证，是提高课程研发质量的关键。一是对拟定研发课程的方向和内容、课程实施纲要或实施方案的讨论认定。二是通过课程推介会，征求学生的满意度。三是论证课时的安排、辅导教师的配备、课程方案的设计是否科学合理。根据论证结果对课程设

计方案进行评估，对得到师生认可的课程列入规划，不认可的适时调整、完善。

（3）编写符合课程目标的教学设计或校本教材。“处处是创造之地，天天是创造之时，人人是创造之人。”要充分调动和发挥各方面的创造力来开发校本教材。一是拿来借鉴，参考国内外STEAM教学的先进经验和做法，因地制宜，移花接木。二是走校企合作之路，充分利用建设学校STEAM实验中心的企业优势，在引进设备的同时，引进他们的教材。例如《3D建模与打印》《趣味编程》《WER电子竞技》《Makeblock机器人》等教材。三是自主开发，通过国家课程、地方课程的拓展延伸，自编跨学科项目学习的教学设计，以一个又一个项目学习构建校本教材体系。例如：教师自编的综合性活动教学设计“武术”“樵山历史”“樵山地理”“樵山生物”等，体现出了本校教师的教学智慧。

**3. 使用机制**

（1）建立相对完善的STEAM课程实施硬件环境。智慧校园建设是实施STEAM教育的先决条件。全面改造校园网络，实施千兆进校、百兆进班网络升级工程，建设高标准的云计算机教室、电子书包智慧教室、远程互动教室、交互式一体机多媒体教室、航模活动室、3D打印室、机器人工作室、电子竞技室、VR体验室、手工作坊等，与已建成的音乐教室、美术教室、书法教室、理化生实验室等功能室，为全面开展STEAM教育提供了有力的硬件条件。

（2）建立相配套的网格化管理机制。建立领导小组、研发小组、测评小组为主的纵向管理网络，建立教导处、年级组、教研组、教师为主的横向管理网络，使每项活动、每位师生都置于网格管理中，保证课程开发工作落实到人。采用学生自主选课、走班上课、专题讲座、行政班授课等形式组织教学。

（3）建立强有力的STEAM课程服务保障机制。建立一套相对完善的STEAM课程管理、制约与激励机制，对课程方案、教学评价、课程调控、课程推广、经费保障等方面做出明确规定，责任到人，分层落实。建立STEAM教育成果数字化网络展示平台，定期举办师生科技创新大赛、STEAM课程教学成果展示交流会，将学校课程开发与实施情况纳入对教师的业绩考核、年度评优评先工作之中，使课程实施过程科学、规范、有效。

## 四、建立发展性的 STEAM 课程评价机制

校本课程评价包括对课程目标和实施方案进行科学有效性评价、教师实施课程方案过程与效果评价、学生实践过程及效果评价。评价主体应趋于多元化，将过程性评价与终结性评价相结合。

### 1. 对课程目标和实施方案的评价

主要考查该课程目标定位的准确性、导向性、前瞻性；课程实施方案的科学性、可行性、时效性；教学评价的可操作性、激励性、发展性。采用定性评价和定量评价相结合的方式组织实施。

### 2. 对课程开发教师的评价

主要考查学生对课程的满意度、课程影响力、学生学习实际效果、课程内容的特色化、课程方案的落实与调整、课程成果展示等方面，采用督导调研、课堂听课、随机测评、业绩成果展示等方式，由测评小组量化评价。

### 3. 对学生学习能力评价

主要考查学生在学习过程中的态度表现、团队精神、动手能力、创新能力、成果作品、学时总量等。在评价过程中，要克服重知识轻能力、重结果轻过程、重个人轻团队的倾向，要关注学生学习的情感态度、价值取向，侧重学生动手实践能力、综合思维能力、解决问题的能力、创新创造能力、团结沟通能力等核心素养的提升。

总之，STEAM 教育可以很好地通过创客校本教材将独立学科的“井”连成一片汪洋。在融合性的学习活动中，学生收获的是知识的架构，是创新与实践过程中与人交流、与个人经验对话、与问题本身探讨、与方案抉择的参与感与成就感。

**【参考文献】**

[1] 余胜泉，胡翔.STEM 教育理念与跨学科整合模式 [J]. 开放教育研究，2015，21（4）：13-22.

[2] 柳栋，吴俊杰，谢作如，等. STEM、STEAM 与可能的实践路线 [J]. 中小学信息技术教育，2013（6）：39-41.

# 创客魔方机器人普及推广的探究

佛山市南海区九江镇初级中学　孙启富

**【摘　要】**目前由于机器人的价格昂贵，动辄几千元甚至上万元，很难在学校中普及，而创客魔方机器人仅以百元级的价格优势，实现普通机器人的功能。笔者从技术支撑、价格、学习途径、比赛平台及功能阐述五个方面探究创客魔方机器人普及推广的可能性。

**【关键词】**创客　机器人　创新

创客机器人是指一群有创新意愿的小创客利用 Arduino 等开源版，通过用心实践，靠自己的力量做出有创意的机器人。而创客魔方机器人则是利用自己制做出来的创客机器人将魔方推到指定得分区的一种比赛型机器人。这是佛山南海特有的一种本土机器人，具有很强的推广性。

近年来，随着创客教育和 STEM 教育在全国兴起，机器人教育受到了广大一线学校和师生的关注。有些经济发达地区正在尝试将机器人教育设置成校本课程来进行独立的讲授与学习。同时，机器人教育被社会上一些商家垄断，包括产品、培训、竞赛等。基本上机器人成了发达的地区和学校的专用代名词。创客魔方机器人的出现终于打破了这种不平衡，使机器人教育得以普惠到广大师生。

## 一、Arduino 开源版为创客魔方机器人提供了技术支撑

Arduino 给自己的定位是开源电子原型开发平台，其软硬件设计资料都是全面开放的，构成了一个可供用户搭建机器人的开发环境。开源硬件使得人们更容易地开发自己的产品。软件开源能让更多的人参与软件设计，建立大量易用的函数库，方便入门者直接调用。源代码开源为机器人玩家提供了深度学习的机会，此外 Arduino 还支持图形化编程，技术难度的降低，吸引了更多机器人爱好者，同时开源的设计也避免了侵权事件的发生。

## 二、价格的低廉，创客魔方机器人为机器人玩家降低了门槛

创客魔方机器人是利用 Arduino 等开源版自主设计制作的机器人，与同类的教育机器人相比较，其价格优势相当明显，例如一套乐高机器人的最低配置的价格也需要 2000 元起，而同样功能的创客魔方机器人的造价成本仅需要 100 元左右。巨大的价格优势降低了机器人玩家的门槛。对于个人而言，100 元左右便可以买到具有普通功能的机器人，是机器人爱好者都能接受的价格。

## 三、线上线下的教学，创客魔方机器人为学生提供了多渠道的学习途径

目前的各种机器人教学，往往被公司与社会培训机构垄断。即使有少部分学校在开展，也是学校与公司合作。由于公司对利润的追求，他们的教学只能是线下的培训与指导，他们的新产品和新技术只能是线下与学校合作，通过购买服务来实现教学，这个方式只能使很少一部分学生有机会接触机器人，使得机器人成了少数人的专用。而创客魔方机器人，既有线下教学辅导，又采用“云平台 + 大数据 +APP”的线上教学。全方位的线上线下的教学，为学生提供多渠道的学习途径，扫清技术障碍，让更多的学生参与机器人的学习。

## 四、竞赛活动为创客魔方机器人提供了竞争和展示的平台

各种机器人的展示和竞赛活动是很好的科技创新活动，也是普及机器人教育的一个重要途径。这些活动不但能够有效地激发学生的学习和研究的兴趣，而且还是一项综合了机械、电气、计算机、自动控制和数学等多学科知识的综合性训练。对提高学生的语言表达能力、独立分析问题和解决问题的能力、综合运用专业知识的能力、自学能力以及团队协作能力等都是一个比较理想的途径。创客魔方机器人竞赛分两个部分，即自动部分和手动部分，第一部分为自动部分，是指让机器人自动去找魔方并把魔方推到得分区的位置，离得分区中心位置越近分数越高，要求在 60 秒内完成推 10 个魔方的任务。这部分考查了学生的软硬件的结合、程序算法的优化等能力，既要动脑又要动手。第二部分为手动部分，是指通过手机或

平板电脑的蓝牙无线控制机器人运行60秒，每队两名队员，手动25~35秒后更换遥控机器人的队员。两部分成绩相加，为总得分，分高者胜。这部分主要考查学生手脑并用、团队合作、完成项目的统筹与规化能力。这个竞赛平台激发了学生的学习热情和创新的动力，不仅强化了他们对所学专业知识的理解，还拓宽了专业知识面，培养了创新设计能力和对跨专业知识的综合运用能力，从而使机器人教育成为学校开展创新教育的重要方法。

## 五、创客魔方机器人使机器人的功能由“玩具”转变成“工具”

目前的机器人竞赛往往被一些公司垄断，只有他们开发的产品才能进行相应的比赛，而产品也往往被他们集成，可供个人开发的不多，往往连配件都是专用的，不可替代，这也成为他们获取利润的一种手段。这样的机器人往往除了进行专项的比赛之外，基本上没有开发的价值而只能成为一种昂贵的玩具。但创客魔方机器人不同，所有软硬件的开源、设计都是自主进行的，从内而外都可以改装，例如加一组循线模块，就可以制作成循线小车，进一步可改装成送餐机器人。加一个打描雷达，可制作成为自动避碍机器人。加一组定位模块，可制作成自动跟踪机器人。加一个深度相机或手感识别又能制作出足球的守门员，等等。创客魔方机器人不仅仅用于比赛，不仅仅是“玩具”，而且是一个“工具”，是完成其他创客设计和制作的基础工具，利用这个工具可以制作更多的创新作品。

本文系广东省基础教育信息化融合创新示范培育推广项目“创客魔方机器人项目推广实践研究”的成果之一。

**【参考文献】**

［1］王洪．基础教育科研成果的推广应用路径［J］．中国高校科技，2015（5）：18－19.

［2］龙迪辉，易志勇．教育科研成果推广应用的实践研究［J］．当代教育论坛（综合研究），2010（3）：31－33.

# “玩”转生物课堂

## ——浅谈创客教育与初中生物教学的有效“嫁接”

佛山市南海区桂城街道平洲二中　姚燕君

【摘　要】创客教育的核心理念是培养具有自主创新实践能力的人，使每一位学生都成为一名创客，这与初中阶段学习生物学课的核心素养要求不谋而合。随着创客运动的展开，创客教育理念融入课堂教学是一种必然的趋势，也是一种进步。本文就如何实现创客教育与初中生物教学的有效“嫁接”，从学生、教师、学校、学科性质等方面进行讨论。

【关键词】初中生物　创客教育　教学

创客教育最早是2009年由美国前总统奥巴马在其“教育创新倡议”中提出的，他希望通过创客运动改革教育的理念，让每一位学生从以往的“消费者”转变为“创造者”，即每个学生都可以成为创客。在2012年，美国政府正式实施“创客教育计划”（Maker Education Initiative），并成立了官方机构网站。在中国，“创客”一词在2015年3月2日首次写入政府工作报告中，并于3月11日发布《国务院办公厅关于发展众创空间推进大众创新创业的指导意见》，要求加快构建众创空间，“为广大创新创业者提供良好的工作空间、网络空间、社交空间和资源共享空间”，由此中国的创客教育也应运而生。随着创客运动的兴起，创客教育走进校园是一种必然的趋势，它将改变教师的“教”和学生的“学”，使学生从消费知识的角色转变为创造知识的主体，改变标准化的考核机制，鼓励学生创造和创新。而学校为初中生开设这门基础自然学科，其目的是培养学生对科学的热爱之情和利用科学的思维去思考问题、解决问题的能力，这与创客教育的理念不谋而合，因此将创客教育理念实践于初中生物课堂教学中，实现两者的有效融合，从而提高学生自主探究、创造、创新的能力，是目前亟需我们思考的问题。

## 一、关于创客和创客教育

“创客”一词来源于英文单词“maker”或“hacker”，可以从狭义和广义两个层面去理解。狭义上的创客是指那些酷爱科技、热衷实践、乐于分享，努力把各种创意转变为现实产品的人。广义上的创客是指有创意，并且能够付诸实践进行创新的人。创客的共同特质是创新、实践和分享。创客们通常有着丰富多彩的兴趣爱好以及各不相同的特长，一旦他们围绕感兴趣的问题聚在一起时就会爆发出巨大的创新活力。也就是说创客不分年龄大小或行业性质，凡是热衷于创新和创造，喜欢动手实践，并且在实践过程融入精益求精的“工匠精神”，就可以称之为创客。比如在美国，有一个高中生在研究如何降低提取生物燃料成本的问题时，通过改良藻类的品种而培育出拥有高含油量的藻类细胞，从而获得了英特尔公司10万美元的奖金，这名高中生就可以称为创客。其实在我国，创客就一直存在，比如我国古代著名的指南针、火药、造纸术和活字印刷术这四大发明的发明者就是创客。但是也不一定要有多么伟大的发明创造才能称为创客，比如江苏省有一名中学生利用废旧材料设计并做成“简易显微镜”，广东省一名中学生利用每个箱子装一类衣服和折叠式用具的原理做成“折叠玩具箱”，他们也可以称为创客。在当下，随着信息时代的快速发展，“互联网+”开启了创新和创业的新高潮，其赋予创客们与时俱进的新思维和新视野，而创客们所从事的创造过程就是创客运动，可以说创客运动就是一种有技巧的“玩”，即有兴趣地“玩”出各种成果。

创客教育是随着创客运动的兴起而产生的，是指培养学生创新创造所需要的知识、视野、能力和品德等教育活动、课程和环境的总和。创客教育的出现可以弥补传统课堂教学的不足，能够激发学生的创造天赋，培养学生的自主创新精神，鼓励他们将所思所想变为现实，将所学的知识转化为能服务于生活的产物，实现学生从知识消费者到知识创造者的身份转变。创客教育和STEAM教育有共同之处也有所不同，两者都是倾向于对真实情景问题的解决，但STEAM教育中的问题主要是由教师来制定或者提出，即使是学生自己提出的问题，也是属于需要共同讨论的范畴，而创客教育中的问题主要是由学生自己提出然后自己去实践、去设计和制作出作品。创客教育是帮助学生将其感兴趣的想法转变为现实，但并非让所有学生去探索相同的问题，所以创客教育更倾向于促进个性化的发展。新课改的核心理念就是要以人为本，关注学生的全面发展，促进学生的个性发展，而这个理念的实现就需要将创客教育融入学校的教学中。创客教育不是一门课程，它可以是一种文化或一个理念，贯穿于各个学科，就像生物学上所说的“嫁接”，创客教育就是嫁接中的“砧木”，而与它嫁接在一起的“接穗”则可以是生物、物理、化学、信息等学科。

## 二、创客教育和初中生物教学的有效嫁接

我国中学生发展核心素养，主要是以科学性、时代性和民族性为基本原则，以培养“全面发展的人”为核心，分为文化基础、自主发展、社会参与三个方面。综合表现为人文底蕴、科学精神、学会学习、健康生活、责任担当、实践创新六大素养。而初中阶段的生物学科核心素养主要包括生命观念、科学理性思维、科学探究能力、社会责任感等。初中生物课程是一门实践性很强、与生活息息相关的基础自然学科。生活中生物无处不在，学生往往在学习生物知识的同时会迸发许多与生活有关的一些有趣的想法或问题，如果能以创客教育的理念为“砧木”，以他们的兴趣或想法为“接穗”，将两者进行嫁接，为他们自主实践想法或解决问题提供条件，则可以培养学生的生物核心素养，提高学生的科学素质。而实现两者的有效嫁接的条件则需要做到以下几个方面的转变：

### 1. 转变学生的学习方式，从学到“玩”

在生物教学中嫁接创客教育理念的核心是要激发学生的兴趣，改变学生以往的学习方式，从坐在教室中机械性地接受教师灌输的生物知识到主动走出去“玩”自己所感兴趣的相关事物。加强生物知识与生活实际的联系，培养学生跨学科融合知识的能力，促进知识的创新，提高他们的创造力，让每一位学生都能去研究他们感兴趣的事物或探究他们自己提出的问题，让每一位学生都能成为一名创客。如七年级第一学期的生物课程中就有关于培养学生的探究能力的内容，课程中的探究过程包括提出问题→做出假设→制订计划→实施计划→得出结论→表达和交流。利用创客教育中实践→创造→分享的原则帮助学生，学生可以提出自己感兴趣的问题，自己设计方案进行探究，自主解决问题。在生物课程的学习中有时候会有一些知识比较抽象，学生比较难理解，这时候可以启发学生利用各种现有

的技术或资源比如信息编程、3D 打印技术等创客工具来创造具体的生物教具或模型等，这样学生也会因此感到自豪，从而增强了自主创新的自信心。

**2. 转变教师的身份定位，从教到学**

创客教育的理念要求学生要有丰富多彩的兴趣爱好，保持好奇心，喜欢自主动手实践，这就对教师的专业素养有了更高的要求。首先，教师也要有创客精神，要具备较强的创新精神和专研能力，将创新的实验方法和自己动手制作的教具应用于生物的教学实践中。比如佛山市大沥中学的袁伟斌老师对“观察叶片的结构”进行实验改进，使用刀片进行分离、切割。其次，教师还要多关心时事，多留意身边的生活，保持一颗好奇心，只有不断学习新的知识，才能给学生提供新的视野，启发学生新的思维，在生物教学中注入与时俱进的生活实例，让学生了解生物与生活的联系，才能激发学生创造与创新的兴趣，而这需要教师始终保持着不断学习的态度。在学生的创客活动过程中，主要强调的是学生自主动手完成实践的过程，这时候教师可以以“陪伴者”的身份，帮助学生去实现他们的想法。再者，教师还要打破学科边界，加强与其他学科教师之间的交流，提升融合不同学科知识的能力，为学生的创客之路起到指引的作用。

**3. 转变生物课堂的教学方式，从静到动**

生物学是一门以实验为基础的自然科学，是研究生物形态、生理以及生命规律的科学。以往的生物教学基本都是学生被动地接受教师灌输的生物知识，实验过程也大多是由教师在上课时讲解步骤，学生按照特定步骤来进行操作。学生只能静态地接受教育，这就限制了学生的思维，不利于培养学生的自主创新实践能力。所以为了能更好地实现创客教育的理念，必须改变生物课堂的教学方式，升级原有的教学设计，采用情景导入或头脑风暴等方法激发学生产生相对应的问题或感兴趣的话题，为他们提供实践的创客空间和环境，鼓励学生动起来，可以独立或与人合作，选取自己感兴趣的课题、设计方案和查阅相关的文献，自主设计完成一项探究或创作。

## 三、实现创客教育和初中生物教学有效“嫁接”的建议

**1. 创客教育空间和条件有待完善**

创客教育渗入教学的主要目的是希望培养学生能够围绕解决问题、发

散思维去进行创造，将知识“物”化。而初中阶段学生的逻辑思维能力逐步形成，基于信息加工的问题解决能力趋于稳定，能够学习并理解生物等学科相关的核心概念，其数字化学习能力有了显著提升，已经具备基本的数字化信息处理能力。因此，学校应该以设置课程为载体，努力为学生构建充满创新、实践、分享的创客氛围，为学生提供适合进行创客活动的生物实验室，升级图书馆有关生物学科的图书库存，增加各种开源硬件和3D打印机等的投入。如温州中学建设了“温州中学DF创客空间”，并将Arduino作为创客课程的主要实施平台。它是温州第一个青少年创客基地，自2012年起，陆续开设了“Scratch多媒体编程”“机器人”“我做主编”等创客课程，并在此基础上开展了创客社团活动。

**2. 创客教师的培训亟需常态化**

要将创客教育有效融入初中生物教学中，除了需要构建创客空间之外，还需对教师进行专业的培训，且培训应该常态化，而不是一次两次走过场。教师的教学理念和教学方法等方面都要进行转变，展示创客教师的作品和理念，提供机会和搭建平台让更多的教师进行经验交流。此外，还要为教师提供学习不同领域知识的环境，鼓励每一位教师都成为创客，设立相应的奖项奖励具有创造创新能力的教师。

**3. 教学评价应适应创客教育新理念**

创客教育的融入打破了传统课堂模式，其更加注重培养学生的个性发展、自主创新实践能力以及将知识“物”化的能力，所以真正做到了新课改要求的以培养学生科学素养为最终目标。因此，实施具有创新性的教学评价是目前亟需解决的问题，比如如何权衡考试分数和动手创作两者的关系，如何考查学生对生物学科的学习质量，这些都是需要考虑的问题。

# 手机 APP 在初中生物教学中的应用初探

## ——以人教版生物七年级上册“调查周边环境中的生物”为例

佛山市南海区桂城街道平洲二中　姚燕君

**【摘　要】**随着信息技术的快速发展，手机智能化的程度越来越高，各种安装于智能手机上的应用软件（Application，简称 APP）层出不穷，其中不乏与生物教学相关的应用软件。而由于政府对信息化技术融入教育领域发展战略的大力支持，将最新的信息化相关技术与课堂教学相结合必然是教育发展的新趋势。根据生物学的特点，将相关的手机 APP 与生物课堂相结合既提高了教学效果，也实现了教学手段的创新和改革，更提高了学生学习生物的积极性和兴趣，提升了他们自主学习探究的能力，从而打造具有创新性的智慧课堂。本文以人教版生物七年级上册“调查周边环境中的生物”为例，对手机 APP 在初中生物教学中的应用进行初步的探索。

**【关键词】**手机 APP　初中生物教学　智慧课堂

2017 年 5 月广东省教育厅印发了《广东省教育信息化发展“十三五”规划》，规划提出要实施“互联网 + 课程”创新行动，深化教学方式改革。加强信息技术与教学融合研究、应用创新，全面普及信息技术教学应用，大力发展移动互联网 + 教学，促进移动终端、教学软件和优质教学资源在教学中的广泛应用，构建学科教学、教研、创新一体化新格局，形成“课堂用、经常用、普遍用”的信息化教学新局面。生物学是一门应用和实践性比较强的学科，新课标提倡的是探究性自主学习，因此将手机 APP 应用于课堂，打造智慧课堂，有利于学生能更好地了解生物学内容，促进学生学习方式的改革，引导学生自主参与实践活动，从而提高学生自主探究学习的效果，提升他们探究事物、分析问题、解决问题的能力，而课堂教学方式的创新也能培养学生的创新精神和实践精神。

我国中学生发展核心素养，主要是以科学性、时代性和民族性为基本原则，以培养“全面发展的人”为核心，分为文化基础、自主发展、社会参与三个方面。综合表现为人文底蕴、科学精神、学会学习、健康生活、责任担当、实践创新六大素养。而初中阶段的生物学科核心素养主要包括生命观念、科学理性思维、科学探究能力、社会责任感等。生物与学生的日常生活息息相关，所以如果能在生物教学的过程结合手机 APP 的使用，将会使学生对学习生物的兴趣大大增加，也可以拓展他们的课外知识，提升他们自主探究学习的能力。本文中将介绍几款适用于初中生物教学的手机 APP，及以人教版七年级上册“调查周边环境的生物”为例来初步探讨手机 APP 应用与初中生物课堂的效果及意义。

## 一、适用于初中生物教学的手机 APP 的介绍

随着手机智能化的不断进步，许多生物公司相继推出了不少既方便又好玩的APP，这大大增加了学习的娱乐性，也使得资料的查找越来越便捷。目前适用于初中生物教学的最新的手机 APP 主要有以下几款：

### 1. 形色——适用于人教版生物七年级上册“生物圈中的绿色植物”

该款 APP 是由杭州大拿科技股份有限公司推出的一款识别花卉植物的手机应用软件。用户能一秒就识别植物，APP 内部也有识花大师帮忙鉴定植物，其地图上还有特色植物景点攻略。它适用于人教版生物七年级上册第一单元第一章第二节中“调查周边环境的生物”及第三单元“生物圈中的绿色植物”。

### 2.visible body——适用于人教版生物七年级下册“生物圈中的人”

这款 APP 是如今最为可行的查看人体系统的最全面的工具，通过它，我们可以更全面地了解我们人类的身体构造，例如：皮肤、神经、肌肉、心脏、肝、肺、肾、血管、眼球，等等。其与人教版生物七年级下册“生物圈的人”的内容紧密相关，因其是以 3D 形式直观地呈现在我们眼前，所以将其与生物课堂相结合，可以让学生了解身体构造特点，满足学生的求知欲。

### 3. 动物守护者——适用于人教版生物八年级上册“动物的主要类群”

该 APP 由国际野生生物保护学会（WCS）研发，获得了美国硅谷科技

创新博物馆颁发的 2015 年科技创新大奖。这款 APP 的主要功能包括：查询物种、物种分类、识别动物制品及保护级别等。用户可以通过动物的外表特征，轻松了解这些信息。而人教版生物八年级上册第五单元第一章的内容为“动物的主要类群”，主要介绍了动物的分类及每一类动物的相关特征，学生对此很感兴趣，在课堂课外无论看到哪种动物都想了解它，那么有了这款 APP，学生就能更加愉快地学习该章内容，也能了解到一些受保护的野生动物类群，提高他们的野生动物保护意识和守法意识。

**4. BioGPS——适用于人教版生物八年级下册“遗传与变异”**

BioGPS 这款 APP 是由美国诺华研究基金会基因组学研究院研发的，它是一个专注于为用户提供基因资源的免费工具，用户可以在软件中搜索某个基因名称，即可浏览这个基因的表达谱、细胞类型和基因标识符的列表，而且这些栏目还可以连接到相应的维基百科页面。人教版生物八年级下册“遗传与变异”的内容涉及基因的遗传和变异，所以在教学过程中可以将 APP 与课堂相结合，既提高了学生的兴趣又扩展了学生的知识面。

**5. 初中生物实验——适用于初中阶段的生物实验课程**

该 APP 是由 Blighty Studio 公司开发的，主要针对初中生的学习需要，精选了 26 个生物实验，每个实验都包含文字和图片说明而且附有整个实验的视频，生动具体地演示了每个实验的操作过程。传统的教学方式是教师在讲台上做演示，学生在下面观察，观察完后学生分小组动手做实验，而教师在实验室操作演示时，由于空间的限制学生无法细致地观察到实验的过程，这样学生在认识上的模糊就可能会导致独立操作实验的失败。将这款 APP 应用初中生物实验课堂，改变了传统的教学方式，可以突破上述难题。

## 二、将手机 APP—“形色”应用于生物课“调查周边环境中的生物”的教学设计

**1. 学生学情及教材分析**

人教版生物七年级上册第一章第二节“调查周边环境中的生物”是一节实践活动课，这也是学生刚刚开始学习生物学科以来的首次实践活动，因此学生对本节内容充满了好奇与兴趣。但教材要求的是调查周边环境中的生物，其指向并不明确，因为就算在一个很小的空间范围内也是存在着

许多生物，因此对于刚涉及生物知识的学生来说，在缺乏必要的知识、方法与能力的情况下，该调查在一节课40分钟内很难完成，往往也会导致学生出现畏难情绪，从而无法实现本节课所要达到的目标。所以笔者根据实际情况，将该节内容限定为调查校园内的植物种类。

2. 教学目标

（1）说出调查的一般方法，初步学会做调查记录。

（2）描述校园内的植物种类及其生活环境。

（3）能熟练使用手机APP来帮助学生学习生物知识。

3. 教学重点和难点

（1）重点：指导学生使用手机APP，协助学生展开调查活动。

（2）难点：调查活动的组织和实施。

4. 课前准备

（1）调查范围的确定：考虑到笔者校园面积较大，因此选取了一片植物种类相对较多、环境相对安全可控并有无线网络覆盖或信号较好的区域供学生进行调查。

（2）手机的携带：由于笔者学校为全日制寄宿型学校，学生一般都是周五离校周日回校，并且明确规定禁止学生携带手机到校，所以教师要做好学校、学生、家长之间的沟通工作。笔者提前指定班里5~6位同学回校时携带下载好“形色”这款APP的手机，然后给家长和班主任发送相关信息说明情况，学生携带手机到学校后，手机交老师保管直到上该课时方可拿出使用，使用完后交还老师保管直到学生离校当天归还学生，这就不会对学校的管理造成影响，也不会影响学生的学习。

（3）分组分工：任命携带手机的学生为小组长，提前对他们进行培训，教他们学会使用相应的手机APP，使他们在调查时能够起到带队作用，明确组员间的分工合作，完成调查工作任务，这有利于培养学生的自主探究能力和组织管理能力。

5. 教学过程

（1）自主学习，完成导学案——学习调查的一般方法

学生通过导学案的学习，掌握以下几点内容：①调查的目的是什么？②调查步骤分哪几步？③调查时的注意事项有哪些？

（2）交流讨论，制订计划——小组分工，明确任务

全班分为6~7个小组，每个小组各有一部含有“形色”APP的手机，每组任命一个小组长，5~6名组员。小组成立后立即展开交流讨论，制订相关的计划，明确各组成员的分工，制订合理的调查表。

（3）团结有序，实施计划——运用手机APP进行校园植物的调查

教师将学生带到指定区域，学生分组活动，进行校园植物的调查及记录。活动时间大概20分钟。

（4）展示结果，释疑解惑——交流调查结果及遇到的问题

临下课前10分钟，学生集队回班。每组派一个代表汇报他们的调查的结果及在调查过程中遇到的问题。全班同学对相关的问题进行讨论及解答，教师最后进行总结。

#### 6. 评价与反思

本节课的实施与以往相比，最大的特点是结合了手机APP进行展开，改变了传统的教学方式，以前由于学生对植物了解较少，全班所有的学生都要跟着老师一个人进行调查，这样就造成了有部分学生心不在焉或无所事事，引入了相关APP后，学生可以分组进行，每个小组成员都有明确的分工任务，学生可以离开老师进行自主调查，老师主要是起到一个协调、引导的作用，从而使得课外实践活动能够顺利有效有序进行，学生具有极高的热情和积极性，了解了许多植物种类，也提升了他们的自主学习能力。

## 三、将手机APP应用于初中生物教学中的意义及存在的问题

#### 1. 手机APP应用于初中生物教学中的意义

将手机APP应用与初中生物教学中可以使教学更加高效，转变传统的教学方式，同时也能激发学生的学习兴趣，培养学生自主学习的能力；此外，对学生认知水平也具有一定的拓展作用，使他们发现原来手机不仅仅只是玩游戏等。教师将手机APP应用于课堂教学，还能激发学生设计创建相关APP来解决他们在学习过程中遇到的问题，实现创客教育的理念。

#### 2. 手机APP应用于初中生物教学中存在的问题

要将手机APP应用于初中生物教学，实际上首先应该提升教师自身的教学素养及能力，教师要与时俱进、不断学习，才能改变传统的教学模式；此外，学校方面应给予大力支持，实现校园网络的覆盖及硬件设施的投入；

最后，对于学生的价值观方面，教师和家长要有正确的引导，防止学生在使用手机等产品的过程中出现攀比的不良现象。

**【参考文献】**

[1] 江巧明 . 基于核心素养的初中生物课堂教学策略 [J]. 广西教育 .2016（11）：45-49.

[2] 罗洁源 . 将课堂要求具体化：新课标生物学“调查周边环境的生物”课堂实施策略 [J]. 课例交流，2012（12）51-53.

[3] 陈善玉 .“调查周边环境中的生物”教学案 [J]. 中小学文化课程分析，2015（21）：54.

（本文曾获 2018 年广东省中学生物教学设计与教学论文评选二等奖）

# 巧用校园植物开展社团活动

## ——创意拼画

佛山市顺德区龙江外国语学校　诸尔娟

【摘　要】以校园植物为原材料，开展创意拼画活动，引导学生发现美、创造美，将生物学科与美术学科融合，培养学生的创新精神，陶冶学生的情操。

【关键词】校园植物　创意拼画　创新

校园植物是学校开展生物学科社团活动的宝贵资源。以校园植物为原材料，鼓励学生进行艺术创作，将生物学科与美术学科融合，既增强学生的生物学科素养，又提高学生的审美水平、创新精神。植物创意拼画是指利用植物的干花和压花材料，发挥自己的丰富想象力拼凑出一幅有意境的画。在创作之前学生要亲近校园植物，采摘植物材料，并且把这些材料做干燥、压花处理。创意拼画社团活动引导学生发现植物的美、创造植物的美，陶冶师生心灵，在艺术熏陶的同时，也让学生从繁重的学习压力中释放出来。

### 一、活动背景及意义

如何提高学生的生物学科素养是每个教师都要思考和践行的话题。学生从最初的压花和干花制作理论的学习和作品的欣赏，到以个人或集体合作的方式参与花材的采集，再到压制和干燥花材，整个过程培养学生的动手和实践能力，最后运用各种工具、花材进行作品创作，在无形中完成教学的三维目标，符合我国素质教育的发展要求。

校园植物是学生最容易获得和利用的宝贵资源，资源的挖掘和充分利用需要生物教师的引领，让学生爱上校园的一草一木，不仅是一种珍爱生命的教育、也是审美教育。创意拼画是一个美的创作过程，通过教师的引导让学生发现校园植物的美，进而激发学生去保留这份美，并且把自己的思想和情感倾注于一花一草中，赋予它们精神力量，让学生的心灵得到美的滋养。

增强创新意识，提高创新能力、培养学生的创新精神是素质教育的目的之一。每个学生都有对美好事物的追求，鼓励学生追求美、发现美、创作美，在美的熏陶中学习科学知识，同时在活动中增进师生情感上的交流，更有利于教师开展德育教育。

## 二、活动目标

### 1. 知识目标

学生通过亲自采摘植物材料，了解校园植物分布、植物种类、植物的生活环境，了解各种植物的花、果实和种子以及叶子等的差异性，加深对课本知识的理解与运用。

### 2. 能力目标

在植物的采摘和制作干花和压花的过程中培养学生的细心、耐心以及观察能力和动手能力。

### 3. 情感目标

在采摘校园植物的过程中培养珍爱生命的情感，在拼画过程中培养学生的创新精神，提高学生的审美水平，激发学生对心灵美的不断追求。活动过程中培养学生的团结合作精神。

## 三、活动过程

### 1. 组建活动小组

以四人为一个小组，选责任心强的、细心的、有美术功底的学生作为小组长。教师对每个小组长进行压花材料制作和干燥花制作的培训，包括植物花材最适合采摘的时间、花材的选择、花材制作过程中的注意事项、拼画的注意事项等。教师和小组长一起制订活动计划，确保活动顺利开展。

### 2. 采摘植物标本

利用早上大课间的时间（30 分钟）带领学生采摘植物的花、茎、叶或者果实等，在采摘过程中注意脚下安全，提醒学生不要伤害一些小昆虫，在采摘过程中注意保护材料的完整性，尽量拣已经掉落地上又无破损无变色的完整的花。小组长根据教师的培训带领小组成员选择合适的花材，例如选择含苞欲放或刚刚盛开的新鲜花材，选择颜色鲜艳且保色容易的花，如白色、黄色和蓝色花，选择花瓣厚薄适中、含水量少的花如月季花、紫薇、野菊等。

### 3. 压花和干花的制作

采摘的材料要及时做干燥和压制处理，可以使用实验室的烘干箱制作干花，也可以采用最经济实惠的报纸或旧书本制作压花，花材压制前要仔细地一点点地将花材分离拆解、平铺、压制。这个过程容易实施，让学生亲自制作，耐心等待，培养学生的耐心和细心。压制花材可以采用重物加压、植物标本夹压制、微波炉烘烤、电熨斗熨压四种方法，学生回到家里可以采用微波炉或者电熨斗进行压花，时间短，而且保色效果更好。

### 4. 创意拼画

压花和干花制作好以后，学生就可以进行创意拼画了。教师可以提供给学生一些简单的工具，例如镊子、剪刀、胶水、A4 纸，为了让作品更有意境，用一些物品作为衬底，例如空白的扇子、圆形纸盘等可以增加作品的意境。每个学生对自己制作的干花或者压花材料进行自由选择，对画面进行构图、确定画面的中心思想，在这个过程中教师鼓励学生进行大胆的创新。压花画的创作题材极为广泛，既可以表现人物、花鸟、风景，也可用传统图案或抽象的图形构成画面。由于花叶的个体都不相同，因此每一幅拼画常具有“独一无二”的个性特点。

### 5. 活动结果展示

创意拼画是一个艺术创作的过程，接触植物材料使人心情放松，身心愉悦，因此创作过程是有平静柔和、返璞归真的宁静感，在这样的活动空间里师生的心灵容易产生共鸣。教师要鼓励学生上台展示作品，并且表达自己创作的过程和情感，增进师生之间、生生之间的情感交流，让每一位学生的情感都得到释放并得到他人的尊重与欣赏。教师还可以鼓励学生把自己的作品制成贺卡送给他人，引导学生做一个乐于分享的人。

## 四、活动总结及反思

中小学生正处于对新鲜事物、对大自然等充满好奇探索的年龄阶段，而以植物花材进行创意拼画活动为学生的生物学知识的学习打开新的视角。在活动过程中学生受到了美的熏陶，也激发了创作美的积极性。创意拼画需要一定的美术功底，因此对没有美术功底的学生要进行构图和色彩的艺术培训，生物教师需要在开课前进行大量的资料查阅，熟悉压花制作和干花制作的技巧，同时也要对构图和色彩设计有一定的了解。生物教师是非专业的美术教师，鼓励学生之间互相交流、互相促进、互相欣赏，在开展活动中要充分挖掘学生的潜力，教师主要是提供平台给学生创作，保护学生的创作灵感，多鼓励，放下教师的身份一起跟学生发现美、创造美，这样的活动是非常愉悦的。教育就是这样润物细无声，就是在滋养心灵中去唤醒学生对美的追求。对于学生的作品切忌用“好看”与“不好看”去评判，以免扼杀学生的创作灵感，每一幅作品都饱含着学生的思想情感，教师要耐心地倾听学生对作品的解说，并且要以欣赏的态度去对待每一幅作品。

**附学生部分作品**

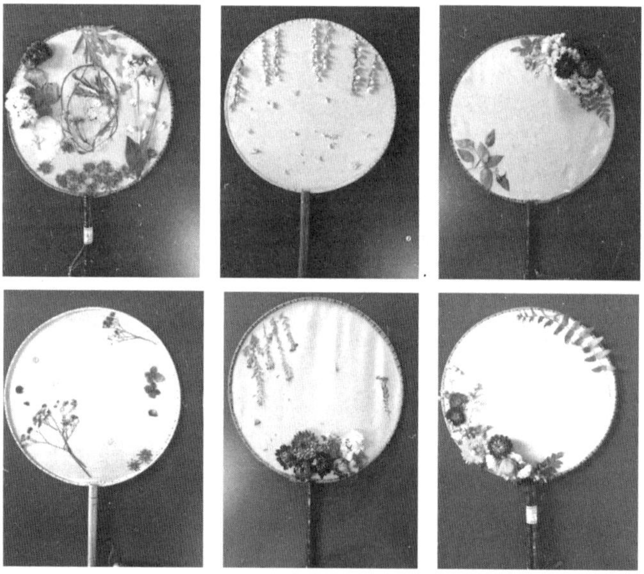

**【参考文献】**

[1] 张芬．“压花艺术”课程对大学生综合素质培养的重要性[J]．工程教育，2017，(5)：236-240.

[2] 付金华，赵百慧．核心素养下初中生物社团活动课程的开发与研究[J]．吉林省教育学院学报.2020，(4)：134-136.

# 对做好中小学创新教学的建议

佛山市南海区九江镇初级中学　刘志伟

根据国内外创新教学研究成果，结合笔者本人的教学实际经验，认为实施创新教学可从如下几方面入手。

## 一、转变教育观念，武装教师创新头脑

转变以继承知识为中心的教育思想，树立着重培养创新精神的教育观念。传统教育是以传授已有知识为目的，强调的是对知识的记忆、模仿和重复练习，极易束缚和压抑学生的创新精神。很显然，应当改变以继承为中心的教育思想，树立培养创新精神的教育观念。当然，这种变革是通过对继承性教育进行选择、继承、改造和发展来实现的。在实践中可尝试以下改革方法：改革过于“统一标准”的教学制度，重视发展学生的个性、特长和爱好；改革教育教学方法，克服注入式、填鸭式的教学，努力把演绎法和归纳法结合起来；改革考试制度和评分标准，彻底改变以考试为中心的教学制度，实行选拔方法、评价标准、入学方式多元化。重视综合实践训练，培养学生利用多门学科知识综合分析问题和解决问题的能力。重视校本课程开发和第二课堂活动，让学生各展所长，并充分发展学生的非智力因素。积极推行教育教学的个性化模式，精简教学内容，重视小班教学和个别辅导活动，加强因材施教，注意发现和培养有特殊才能的学生。

转变以发展智力为中心的教育思想，树立智力和非智力协调发展的教育观念。过去一段时间为了打破以传授知识为主的教育模式，特别强调发展学生智力，这固然是一种进步，但还要进一步发展。实行这个转变的实质，是要把教育教学从以培养和发展学生的注意力、记忆力、观察力、思维能力等智力因素为中心，转到在发展智力因素的同时，注重培养和发展学生的动机、兴趣、情感、意志和性格等非智力因素，并使他们相互促进，和谐统一，协调发展。创新能力离不开智力活动，但创新能力绝不仅

仅是一种智力特征，更是一种人格特征、一种追求创新的意识、一种积极探究问题的心理取向、一种积极改变自己并改变环境的应变能力，是智力因素和非智力因素的总和。在相互竞争又相互依存、变化速率日益加快的现代社会，人的成功要素中，非智力因素比智力因素更为重要。培养和发展学生的非智力因素，是一项需要学校、家庭和社会相互配合、共同进行的社会系统工程。学校教育要通过教学活动向学生讲述科学家们的发现、发明、创造所经历的曲折和艰辛，同时要大力开展由学生自己组织、自主参加的各种第二课堂活动，让他们体验成功和失败。在家庭教育中，家长要克服过度保护的倾向，放开手让孩子通过“摸、爬、滚、打”，自己长大。社会各界都要努力创造条件，关心和支持学生利用节假日参加各种社会实践活动，接触社会，了解社会，品尝人生的“酸、甜、苦、辣”。

转变以教师为主体的观念，树立新的学生主体观、人才观、全面发展观。创新教学是素质教育的核心组成部分，是高层次的教育要求。创新教学是培养学生创新意识、创新能力的教育活动。创新教学主张学校教育不是由教师把现成的客观世界规律性的结论塞给学生，而是引导学生去思考、追求、探索和发现，引导学生创造性地学习，为学生将来从事创造性劳动奠定良好的基础。当然这并非是否定教师的作用，而是强调教师的引导作用，教师应真正成为“导师”。

教师应当把学生看作具有创新潜能的创新主体，只要开发得当，每个学生都可以成为不同层次的创造性人才。教育的结果，不仅是学生对人类已有思想文化成果的接受，更为重要的是创新意识和创新能力的培养以及创造性个性倾向的形成，亦即创新能力得到开发发展。

教师应当把学生看作学习过程中的能动主体。教育过程不是学生消极被动地被塑造和改造的过程，而是在教师正确的引导作用下，充分发挥其主体性、主动性，使教育过程成为学生不断地认识、追求、探索、发现和自我完善的过程，亦即培养学生主动学习、独立思考、自我发展的能动过程。教师还要把学生看作活生生的具有丰富个性的人，学生全面发展的同时也是个性的充分发展，而不是没有个性的“平均发展”。

## 二、改革教育管理，营造校园创新氛围

针对目前绝大多数中小学仍沿袭应试型、传统型管理模式的落后状

况，必须采取措施，扭转管理者的管理观念，改革管理思想、手段，重构符合素质教育，能够体现创新并有利于实施创新教学的新型管理模式。各级教育行政组织应逐级向下分权，教育行政组织也要向中小学适当分权，使中小学根据自己的办学理念去自主办学，以利于其积极性、创造性的发挥。要为创新教学的实施营造良好的校园环境和氛围，一方面，管理者要具有创新的个性品质，对工作非常热心，这样他才会永远具有好奇心，才会不断学习新东西、接受新事物，才容易真正转变观念，认识到全体发展、全面发展和创造性发展的重要性。此处，管理者还能够根据学生的主体性特点和教师职业特点鼓励教师进行创新教学，以培养学生的创新素质为目标，使学生全面发展；能够不受常规限制，善于发现学校管理和教师教学中存在的问题，并想方设法给予解决。另一方面，要明确新型的创新教学管理模式的管理目标是全面贯彻教育方针，推进以创新教学为核心的素质教育，培养富有创新意识和创新精神、具有创新能力的新型人才。如何改革教育管理，营造创新氛围呢？在具体的管理操作过程中，应注意对学生的素质进行全面管理。学校必须针对中小学生的身心特点，制订与之相适应的创新能力培养目标。

对于中小学生创造力的培养，一是要注意培养学生的观察力，这是创造性思维的基础；二是要注意保护学生的好奇心，好奇心是科学的巨大动力；三是要注意发展学生的想象力，这是学生探索活动和创新活动的基础：四是要注重培养学生的动手能力。

对于中小学生创新能力的培养，一是要激发他们的求知欲和创新欲，并且加大对其创新意识的培养；二是要重视中小学生学习习惯和学习能力的培养，这是创造力发展的重要保证；三是要注重创新情感的培养，激情可以成为创新的动机，促进潜力的充分发挥；四是注重中小学生特殊才能和兴趣的重点培养，给特长生尤其是“偏才”“怪才”创造宽松的教育环境。

在教师的管理上，一定要认清教师的职业性质和劳动特点。教师是一种专业性职业，而“专业工作人员在一定的专业领域内享有相当的独立自主权”；教师的工作具有个体性、自主性、创造性等特点。学校管理者必须承认和尊重教师的职业劳动特点，让教师根据实际情况去进行备课、上课、研究业务，根据教材、学生的不同特点去选择教学方法，因材施教，而不能“一刀切”。管理者在管理中，应当多一些宽松民主，少一些清规戒律；多一些特色、特长，少一些千篇一律。这样教师才能在宽松的心理和工作环境下，最大限度地发挥创新潜能，从而促进对学生创新素质的培养。

教育评价是检验教育效果及教育改革方向正确与否的重要手段，是使创新教学的教育思想、教育机制、教育内容、教育方法得以改革与完善的有力措施。教育行政部门对学校的评价要全面，既要包括学校办学质量的评价，又要包括学校办学环境的评价；既包括学校领导集体、教师队伍的建设评价，又包括学校领导集体、教师队伍创新素质的评价；既包括学生基本知识、基本技能的掌握程度的评价，又包括学生基本能力的培养，其核心是创新思维能力的评价。以培养出多少创新人才，取得多少创新成果这一标准去评价一所学校。通过评价对学校的创新教学行为进行导向、激励、制约和调整，从而有效地促进学校教育教学质量的提高，有利于师生群体创新素质的提高。创新教学评价的标准要有方向性、可行性、先进性。评价标准应该符合创新教学提出的要求，应该把评价学生是否有创新精神和创新能力放在首位，使所培养出来的学生能运用所学的书本知识解决实际问题。

对教师的评价，既要有对教师德、勤、能、绩的评价，也要加大创新素质、能力的评价，从教师的素质创新、教学过程创新方面多角度考虑。仅以课堂教学评价为例，对教师课堂教学评价通常分为教学内容、教学方法、教学技能、教学效果四方面。教学内容方面的二级评价指标包括：①目的明确，重点突出，抓住关键，突破难点，消除疑点；②符合实际，面向多数，难易得当，容量适度，密度合理。教学方法方面包括：①激发兴趣，启发思维，指导学生，学生主体，鼓励质疑，偶发问题剖析及时；②结构过程设计合理，条理清楚，层次分明，循序渐进，深入浅出；③方法多样，组合优化，精讲精练，详略得当，现代化教学手段运用充分。教学技能方面包括：①仪表端庄大方，教态自然亲切；②语言清晰、准确、简练、生动，逻辑严谨；③板书工整迅速，操作规范熟练，绘画标准。教学效果方面包括教学情绪和谐饱满，学生学得主动、活跃等。这种评价指标用来衡量传统的教学尚可，衡量创新教学则显出明显不足，主要是其中缺少创新特点的评价。例如，在教学内容方面应加上优选创新、联系实践、渗透学科、落实具体的评价指标。在教学方法方面应加上自然的、运用自如的创造力培养的评价指标。在教学效果方面加上智力、技能发展全面，个性突出，创造力培养得以贯彻，反馈性检验效果好的指标。由此来推动教师的创新意识，加大创新力度，培养学生的创新精神与创新能力。

对学生的评价并不能直接使学生产生创新能力，相反或许还会抑制学生创新品质的形成，从而影响学生创新能力的发展。因此，为了培养学生的创新意识，提高学生的创新能力，学校必须确立新的学生质量评价策略。

评价目的要注重激励性，使学生能以一种积极向上的态度去对待学习和生活；评价内容要注意全面性与系统性的结合，既注重学习水平评价，也应注重学生德、体、美、劳等方面的评价；既注重智力因素的评价，也注重非智力因素的评价。评价标准要科学化，大力提倡个体内差异评价法。个体内差异评价法有利于学生创新能力的形成。

一方面，它是以个体内差异理论为基础的，评价时充分考虑了评价者的个性差异，因而更符合学生的实际，有利于学生自身潜能的发挥，有利于创造性思维特别是发散思维的形成与发展，有利于求知欲、好奇心及成就感的形成。

另一方面，在评价过程中不会给被评价者造成过重的心理压力，有利于学生树立自信心、自尊心和自豪感，有利于形成丰富的想象力，有利于学生形成积极向上的心态，从而不断地投入到新的创造活动中去。如可采取“合格加特长”的学分制多元评价模式，分类评价，分项赋分。

整个评价分三类进行：一是必修课程的评价，所有学科课程考试及格就可获得合格学分，某门学科或某门学科的某些方面特别优秀可获特长加分；二是限选课程的评价，限选课程重在考查学习过程，学生按时参加（或按时完成）并达到基本要求，即可得到合格学分，在某些方面特别优秀者可加特长学分；三是自选课程的评价，只要达到一定标准，就可给予特长学分。在实行“合格加特长”的这种评价模式时，要保证学生基本知识和基本技能的掌握，培养学生的学习能力，要适当地发展学生的爱好、个性和特长。

## 三、加强师资建设，提高教师创新水平

在教育教学过程中，教育者的一言一行都对受教育者产生极大的影响，教育者自身的创新意识、思维以及能力等因素也在感染、带动受教育者创新能力的形成和发展。在某种意义上讲，只有创新型的教师才能实施创新教学，才能培养出创新型的学生。

研究结果表明，创新性较强的教师比创新性较差的教师能在更大程度上培养学生的创造力。因为要使教师对学生创造力的培养比现状更好，就要求教师所采用的方法比现行的更加灵活、更具有创新性和试验性。创新性较强的教师会主动在这方面进行探索和创新，以良好的创新教学方法培养出创新能力较强的学生。另外，教师本身所具有的创新精神也会极大地鼓舞学生的创新热情。教师的工作对象是学生，任务是“传道、授业、解惑”，教书育人。而人是最活跃、最富有创造性的。可以这么说，教师每天都是向新活的对象进行教育教学工作，因为学生的思维常常是处在变化发展的动态之中的，这就要求教师的教学具有创造意识，不能墨守成规，因循守旧，不思进取，而要根据学生的年龄特征、知识基础、思想状况等实际，不断地精心设计教学，改革教法，指导学法，创造新经验，只有这种具有创新精神的教师，教学才能常教常新，课堂上才能充满活力，教育质量才能不断提高。因此，必须强化对教师创新意识的培养，大力提倡教师发挥创新精神，掌握创新思维和创新教学方法，从而使教师能以自身的创新意识、思维和能力等因素去感染、带动学生创造力的形成和发展。

## 四、重视改革课程，构建创新课程体系

课程设置是学校教育教学的核心，中小学课程设置要体现出知识经济时代下的创新教学思想，在使学生获得扎实知识的同时，着重培养他们独立获取知识、创造性地运用知识的能力。因此，中小学要以培养学生获取知识、运用知识和创新知识的能力作为创新教学课程设置的目标，并把中小学创新教学课程设置作为学校创新教学的一项基础的系统工程来做好。

教师要树立较强的课程意识，课程意识本质上就是一种创新精神。教师要明白、理解和掌握课程编制者的意图，更好地把握课程创新的实质。课程意识从本质上说，是一种开放的、科学的过程。说它是开放的，是因

为课程目标的具体性、课程内容的不确定性、课程资源的丰富性以及课程结果的多样性。说它是科学的，是因为学生需要的评估、目标的确定、内容的选择与组织、实施与评价等，每一阶段、每一步骤都是一个科学研究的过程。从这个意义上说，课程不是封闭的、经验的，它永远是创新的。因此，强化课程意识，是中国课程革新中的首要任务。

确立符合创新教学要求的课程指导思想。搞好课程改革，首先要有一个明确的指导思想，要从社会、经济、科技的发展来研究基础教育课程改革，确定学生在基础教育阶段究竟应当掌握哪些知识和技能。当前，科技、经济的发展，对教育提出了挑战，无论是学习内容、学习方法还是评价标准都发生了根本性的变化。创新教学以弘扬学生的主体性为中心，以促进学生发展为本，培养健全人格，在基础性学力之上，着重培养发展性学力和创造性学力。创新教学不排斥知识教育的重要性，但也并不是说知识量越多，就越有利于创新素质的形成。基础知识固然重要，但掌握知识的多少不是最根本的评价标准，如何在已有知识的基础上，迅速学习掌握新知识，显得更为重要；是否具有创新精神和创新能力，显得更为重要。

现代认知心理学倡导一种广义的知识观，把知识、技能和策略都统一在同一个“知识”概念里，分为陈述性知识、程序性知识和策略性知识。①陈述性知识，是关于“是什么”的知识。②程序性知识，指人们应用概念和规则处理事务的技能，包括概念形成、规则习得、迁移知识、判断解决问题、创造等方面的知识。这种知识在锻炼学生独立思考、培养创造能力方面尤为重要，但一直为中国教育所忽视。③策略性知识，指如何学习、记忆或解决问题的一般方法，包括学习的方法、技能，自我教育的策略，以及进行自我反省、认知、监控的元认知知识等。在信息社会中，知识信息以几何级的速度增长，仅仅“学会”是不够的，“会学”更为关键。除包括传统意义上的学会学习之外，还包括信息社会凸显出来的“学会获取信息”的能力。所以基础教育的课程指导思想应体现陈述性知识、程序性知识和策略性知识的统一。

基础教育的课程指导思想在能力方面必须强调基础性学力、发展性学力和创造性学力的统一。①基础性学力是作为受教育者共有的基本要求，它包括读、写、算的技能，语言表达能力，实际操作能力，人际交往能力。它为发展性学力和创造性学力的发展奠定基础。②发展性学力是指学生在终身教育和未来发展中的最基本的内在动力，包括独立思考、自主学习的能力，善于捕捉、组织、判断各种信息的能力，综合运用知识解决问题的能力，以及认识自己的反思能力和自觉进行心理调控的能力等。③创造性学力是学力发展的最高水平，指学生在独立思考和灵活运用所学知识的基础上，能够把握问题、解决问题，创造新颖、独特、有价值的产品的活动能力。创造性学力以创造性思维为核心，强调思维的深刻性、独特性和批判性。基础性学力是生活之本，发展性学力是自我发展之本，创造性学力是社会创造之本。基础教育既要注重基本知识、基本技能，还要强调发展性学力和创造性学力的统一，为学生接受终身教育和未来工作的创新打下基础。另外，心理学的研究表明，影响人的创造成就的最重要的因素不是创造力，而是创造性人格特征。所以在课程的指导思想上还应体现知、情、意的统一，以发展学生的健全人格。

科学发展的趋势是高度分化与高度综合的统一，未来社会最需要的是通才基础之上的专才，既具有广泛的知识背景，满足社会生活的需要，又能够深入钻研某一专业领域，满足个人发展的需要。因此，合理的学科结构是分科课程与综合课程的统一。对基础教育而言，小学阶段可以开设语文、数学、社会、自然和自我发展课程，自我发展课程重在生活指导，以满足小学教学的基础要求。初中可以开设语文、数学、外语、思想品德修养（政治、法律和品德课的综合）、社会科学基础（历史、地理的综合）、自然科学基础（物理、化学、生物的综合）、艺术课（音乐、美术、舞蹈、艺术欣赏的综合）、自我发展课程和信息技术课程，自我发展课程偏重于心理健康的教育，使学生形成良好的个性特征。高中在文理渗透的基础上，可以适当根据文理分科情况，文科以人文社会科学为分科课程，自然科学为综合课程；理科以自然科学为分科课程，人文社会科学为综合课程。此外，文理科均开设综合课程的科学方法论、创造思维训练课等自我发展课程及信息技术课程。综合课程以现实生活的问题为中心，学生通过参与社会生活实践，可积累丰富的经验，自由地表现自己的创造欲望，提高综合运用知识解决实际问题的能力。

加大选修课比例，促使学生的个性尽可能得到充分的发展。课程按其实施制度可以分为必修课和选修课。多年来，中国中小学课程基本上是必修课一统天下，所有学生都必须学习统一的课程，没有选择的余地，这极大地扼杀了学生的个性，阻碍了学生的自由发展。必修课是指国家统一规定所有学生都必须修习的课程，是学生达到国家教育基本要求的保证。必修课以工具课程为主，兼顾自我发展的课程。选修课着力发展学生的个性和特长，它以发展类课程和活动类课程为主。选修的形式可分为两种：一种是限定性选修课，即把有关课程分成几组，规定学生必须选修其中一组，或在各组选修一两门课程。限定性选修课具有必修和选修的双重性质，主要是照顾学生的个性差异，保证学生获得与其自身能力相适应的教育。另一种方式是任意性选修课，即让学生根据自己的兴趣爱好、个人发展和未来职业意向的考虑，自由选择课程，甚至允许跨年级选修。必修课与选修课在课程结构中各占多大比例，应依据年级的不同而不同。小学作为最基础的教学阶段，宜以综合课程、活动课程形式培养学生的兴趣爱好和个性特长。从初中开始，年级由低到高，选修课的比例也应逐渐增大。有资料表明，中国选修课制度虽已启动，但不仅所占比例较小，而且由于种种原因，几乎形同虚设。在这种情况下，应加大选修课和活动课在课程体系中的比重，使每个学生能够根据自己的特点选择课程，并具有广泛的选择余地和自主活动的时空，还给学生一片自由创造发挥才能的天地。考虑到中国的实际情况，加强的重点可放在限定性选修课上。从总体上看，必修课所占的比例，原则上以保证学生掌握普通教育的共同基础为宜；选修课所占的比例，原则上以照顾到学生学力的个别差异为宜。

## 五、改革创新教学，培养学生创新能力

确立创新教学的教学目标。教学目标是指教学活动主体预先确定，在具体教学活动中要达到的、利用现代技术手段可以测度的教学结果。它表现为对学生学习成果及终结行为的具体描述，或对学生在教学活动结束时其知识技能等方面所取得变化的说明。在创新教学过程中，要确立创新教学的教学目标。首先，教师要以培养学生的创新思维和能力为核心，从智育入手，进而深入德育、美育、体育等方面，全面推进创新教学。教师要在教学中，从单纯讲授知识向培养能力转变，从讲解为主向启发诱导转变，从教师一言堂向师生平等、民主合作转变，在教与学中倡导相互合作，使每个学生都能在一定程度上独立地做出决定，并为自己的选择负责，放弃对学生手把手式的教学方式，使学生积极主动起来，除了听取老

师的传授外，学生还应学会如何寻找工具以及寻找什么样的合适工具去获取为自己所需的知识，同时懂得如何分拣、合成、提取和加工信息。放弃单纯的知识传授，而是采取不同方式方法，帮助学生形成对事物主动思考的质疑能力，解决问题的运筹能力和善于使用信息系统提取合成信息的能力，以及大胆提出有创新设想的方案等等。其次，要注意学生的非智力因素的作用。人的心理结构是由智力因素和非智力因素构成的统一体，它们共同作用着人的心理和行为。在以往的教育实践中，人们曾片面强调智力因素，而忽视非智力因素，这对于学生的全面发展和个性塑造是不利的。教育心理学实验证明：智力因素优越并不一定导致智慧的优秀。相反，在科学上做出出色成就的人，是和他们具有“恒心、韧劲、坚持不懈、强烈的求知欲、自信、强烈的进取心”等心理品质相关，即良好的非智力因素促成了其事业的成功。因此，在当前的教育实践中，在注重智力因素的同时，一定要注意包括动机、兴趣、情感、意志、性格等在内的非智力因素的培养，把智力因素和非智力因素结合起来，促进学生创新能力的开发，促进其全面发展。

营造创新教学的课堂教学氛围。要把创新教学真正落到实处，必须以课堂教学为主阵地，以各门学科教学为主渠道，而不是刻意地去开辟一个所谓的“创新教学课堂”，它必须融会在日常的45分钟教学中。因此，人们必须努力营造每一堂课的创新教学的课堂教学氛围。这种创新教学的课堂氛围必须是民主的、宽松的。民主是现代社会赖以发展的重要条件，也是造就一大批创造性人才的重要因素。人才学研究表明，那些卓有成就的天才，都和青少年时期享有民主宽松的成长环境有关。20世纪最伟大的科学家爱因斯坦当年做出了蹩脚的小板凳后，他的父亲仍给予热情的鼓励；中国杰出的科学家钱三强在做出了决定从事物理研究的志向选择后，他搞文学的父亲钱玄同表现出极大的宽容和支持。可以说，营造一个民主宽松的教学氛围，就是营造一个培养创造性人才的摇篮。

要营造宽松民主的教学氛围，必须真正把学生当成人，正如叶澜所指出的，“人是自然界中最具有丰富性和主动性”的生命。只有真正重视学生个体生命多方面的发展价值，学生的创造潜能才能充分发挥出来。应当把学生确实当作一个完整的生命体，而不只是一个认识体；把学校生活看作是学生生命历程的重要构成，而不只是学习过程的重要构成；要重视并努力提高学生生命的生存质量；要重视人的精神力量的培养。教师只有在真正确立了正确的学生观、教育价值观之后，才能真正去营造民主宽松的教学氛围。教师应以与学生平等的姿态出现，要倾听学生的意见，加强相互间的交流与沟通，做学生的知心朋友，获得学生信任。在课堂上，让学生无拘无束地进行听课、阅读、回答、争辩，积极思维，踊跃交流，最大限度地加速知识的转换与应用。当学生的思维活动和思维成果越出了教师设计、安排和期望的轨道时，不强行将学生的思维过程纳入教师设计的轨道，不以教师的思想成果和教材上的内容去束缚学生的思维，更不能用批评的方式、严厉的语言中断学生的思维过程。教师要积极地鼓励学生大胆想象、联想。事实证明，想象和联想是科学家发明创造所必须具备的心理品质，它是创造发明的桥梁。教师要引导学生进行发散思维、求异思维。不少学者认为，发散思维与创造力有着直接的联系，而求异思维在创造性思维活动中占有主导地位。很难想象，在一个唯师唯书、人云亦云的课堂上，在一个刻板拘谨、思想僵化的气氛中，会培养出创造性的人才。

实施创新教学，一定要把营造民主宽松的教学氛围当作大事来抓。学校可以开展“和学生交朋友”活动，要求教师关爱学生，帮助学生，特别强调与“后进生”建立友善的亲密关系。可以开设“民主信箱”，请学生给学校工作提建议，给教学工作提方案，发挥学生的主人翁作用，培养并激发学生的民主意识，创造民主的氛围。还可以建立“师生对话”制度，为学生创造直接与学校领导或教师交流、对话的机会。这些都将对培养学生的创新精神起到有效的作用。

要使学生产生学习动力，除了明确学习目的之外，教师还必须采取灵活多样的教学方法，用生动有趣的课堂情境吸引学生，让学生保持旺盛的学习兴趣。这种兴趣不是嬉戏和好玩，而是探求知识的强烈愿望，是对科学知识的好奇，是让学生带着一种高涨的、激动的情绪去学习和思考。为此，教师在教学中要善于引发问题、启迪思维，引导学生进行探索和研究。在讲述时要善于深入浅出、生动比喻而引人入胜。还要善于化难为易、严密论证，使学生感到科学理论的力量。要让学生明白学习是一种享受，是一种获得满足的活动。特别是学生迈进了新的知识领域，眼前展现出丰富多彩的内容，开阔了视野，提高了认识水平，解决了很多疑难问题，从而使学生体验到知识是一种能够使人变得崇高起来的力量，这是比任何东西都更强有力的一种激发学习动机的刺激物。此外，要使学生产生学习兴趣，教学内容要保持恰当的难度，过分容易和过分困难都会使学生对学习丧失兴趣，学生只有感到困难，但通过自己的努力又能够解决时，才会对学习产生兴趣。

在创造性思维过程中，可以事先设想所要创造的新事物的形象，使创造性思维的成果形象化，从而指导创造性思维的顺利进行。心理学家认为，创造性思维是思维与想象的统一。爱因斯坦非常重视想象力，他说："想象力比知识更重要，因为知识是有限的，而想象力概括着世界上的一切，推动着进步，并且是知识进化的源泉。"在教学中可以灵活运用多媒体、录像等手段，采用多种方式，结合教学内容，丰富学生头脑中的表象，培养学生的形象思维，从而达到培养学生思维与想象的目的。

发散思维也称求异思维，是指根据已有的信息从不同角度、不同方向思考，从各方面寻求多样性答案的一种展开性思维方式。聚合思维，又称求同思维，是一种有方向、有条理、有确定范围的收敛性思维方式。创造性思维是发散思维与聚合思维的统一。对于创造性解决问题来讲两种思维缺一不可。而在以往的教学中往往重视聚合思维的培养，而忽视了发散思维能力的培养。为了培养学生的发散思维能力，要增强学生发散思维意识，培养学生求新、求异、独立思考问题的能力，遇到问题能从多角度、多方面进行思考，不拘泥于已有的范例和模式，提出问题解决方法的能力。一题多解、给文章续尾、只给题设让学生尽量多地推测结论的方法都是培养学生发散思维的有效手段。

## 六、加强教育科研，开创教育创新局面

创新教学对于一线广大中小学教师来说是新鲜事物，需要不断探索和总结规律。这就要求教师要注重教育科研。经过十几年的教育实践和研究，素质教育的基本概念、内容、原则、功能，以及素质教育的理论基础、素质教育与基础教育、全面发展教育、升学教育、职业教育的关系等问题，都已取得一些共识，形成了一些新的理论观点。素质教育研究还使人们对教育本质、教育目的、教育价值、教育质量、全面发展教育，中小学生培养目标和基础教育的功能等重大教育问题的认识进一步深化，并出现了一些与社会相适应的新见解和新理论，从而使素质教育研究成为教育

研究的新领域。作为“以培养人的创新精神和实践能力为重点”的素质教育的创新教学，应当在此基础上进一步突出人的创新精神和创新能力培养的特点，构建创新教学理论体系。这是创新教学研究发展的必然趋势，也是中小学创新教学实践的迫切需要。通过对教育观念、课程、教学、评价考核、教育环境等诸多方面的系统探索和改变，构建一种以培养人的创新精神和创新能力为基本价值取向的培养模式，并使之在全面实施素质教育的过程中不断完善。

创新教学研究应向多学科联合研究发展。创新教学关系到个人和社会的各个方面，因而需要多学科积极参与。单纯地从教育学角度进行创新教学研究，是不利于创新教学研究进一步发展的，也不会取得重大的理论和实践的突破。素质教育研究过程中出现的一些争论，多是研究者从不同的学科角度去考虑问题造成的。如对“素质”内涵的理解，生理学、心理学、教育学、人才学等各学科的研究者都有自己的观点。因此，只有生理学、心理学、人才学、教育学、社会学、管理学等多学科的研究者联合参与研究，才能真正解决问题，这是创新教学进一步研究的需要，避免重现此类情形的需要，也正是中小学教育教学实践对创新教学研究提出的要求。

理论联系实际，开展创新教学的宣传。通过组织召开家长会、家校联谊活动、邀请家长到校观摩创新教学活动等来加大对家长进行创新教学理论的宣传，使广大家长能理解创新教学，支持创新教学在中小学的开展。通过组织创新教学理论研讨活动，进行学术交流，聘请教育理论丰富的专家开展讲座，到一些创新教学搞得好的学校参观，在学术期刊上多发表一些有关实施创新教学经验的文章等形式来宣传创新教学，使教育行政人员、广大中小学教师和管理者能真正理解认识创新教学，接受创新教学，并能自觉运用于实践之中。同时也要提高教师自身的素养，全面推进创新教学，达到培养创新人才的目的。

# 信息技术与生物课堂教学的有机融合

罗定市泷州中学　陈伟霞

十多年前教育部就提出："大力推进信息技术在教学过程中的普遍应用，逐步实现教学内容的呈现方式、学生的学习方式、教师的教学方式和师生互动方式的变革，充分发挥信息技术的优势，为学生的学习和发展提供丰富多彩的教育环境和有力的学习工具。"现在，随着5G时代来临，课堂教学与信息技术深度融合刻不容缓，要求我们以现代网络技术和多媒体技术为核心，将信息技术自然地、恰如其分地融合到在线课堂教学活动中，其目的是利用其高质量的音像效果和网络信息覆盖面广、及时，以及计算机技术的快速、高效等现代信息技术的优势来激发学生学习的兴趣，培养学生自主学习、合作学习及发展性学习的能力，从而达到既要有利于教师创造性地教，又要有利于学生自由、自主性地学的两者和谐统一。

## 一、在线教学要求课堂教学与信息技术深度融合

在线教学是一种基于网络环境下的开放式的教学，不仅仅是利用网络的工具性，而更多的是利用多媒体技术和网络技术以及其他现代教育技术手段进行教学活动的一种崭新的教学形式与方法，是把教室扩展到互联网上，使教学资源在全校乃至全国、全球范围内共享的教学。在丰富的资源环境中，优化教学过程，提高学生能力素质（基本学习技能、信息素养、创造思维、合作精神与交际能力、实践能力），促进学生综合素质的全面提高。

在线教学也应着力探讨与形成学生自主学习、师生互动的新型教学模式，这一全新的方法观将会对充分发挥教师的主导作用和学生的主体作用，充分挖掘教与学的潜能有着重要的现实意义。

## 二、信息技术促进高中生物学习的策略

课堂教学与信息技术深度融合，离不开多媒体课件、网络、智能手机以及计算机设备等，现代信息技术在教学过程中的运用，为教师的教和学生的学服务。具体而言，我们不能将信息技术仅仅视为工具，而是要通过信息技术的利用，带来教师教学观念的转变、教学方法的改革、教学模式的革新、教学智慧的创造，乃至教学效益的提高。

### 1. 利用信息技术的动态演示使学生的思维得到充分的发散

在初中生物学习中，内容是宏观的，思维是形象的。高中生物的内容是由宏观到微观转变，思维是由形象到抽象的发展。很多同学的思维还没转变过来。而信息技术能够展现出微观和抽象的内容，而且展现的方法多种多样，不仅能够在课堂上吸引学生们的眼球，同样也具有非常强的表现力和活动张力。增强学生们对于生物的感知，是一种顺应时代发展的教学模式。信息技术可以使各种现象和事物具体地展现出来，能够突破时间和空间的限制，从而让枯燥的内容变得更加生动而具体。利用图像的方式能使学生更加直观地了解到生物的魅力，从而激发学生对生物学习的主动性。同样也能将比较难的知识化解成较为容易理解的内容，从而可以让学生更好地感知教材，理解教材中蕴含的深刻含义，突破教学当中的难点，也可以渗透有关生物的各种思想，让学生的空间想象力得到有效的提升。

### 2. 利用信息技术化难为简逐个突破难点

高中生物必修 2 的内容更加抽象和更难理解。如果想在教学当中增强学生对于遗传学的感知，从而进一步感知生动而具体的内容和应用，就应该把遗传学当中的文字和图形与数据分析和推理结合起来，培养学生抽象思维的能力。同样，利用计算机和多媒体可以更加方便地接受外界所输入的各种信息并且对它们加以分析，同时也能够进行编辑和输出。所以在现在这种信息技术高速发展的时代，就应该充分利用这些多媒体的优势，将课堂中的知识与现实生活有机地结合起来，让学生认识到在现实生活中生物也非常实用。此外，这也能拉近学生和生物之间的距离，从而让他们获得更多感性的知识，在努力学习的过程中感受轻松愉悦的学习氛围。

# 与明德官中特色相结合的综合实践活动实施模式研究

佛山市南海区狮山镇官窑初级中学　凌宏盛

【摘　要】探究了与明德官中特色相结合的综合实践活动实施模式，并进行了推进：1. 与明德官中友善、关怀之德相结合，培养感恩意识，成为我校综合实践活动实施的第一项重要内容；2. 与明德官中开拓、创新之德相结合，培养创新意识，鼓励发明创造，成为我校综合实践活动实施的第二项重要内容。推广后对学生、教师、学校有较好的教学效果：1. 学生得以成长；2. 教师得以提高；3. 学校得以发展。

【关键词】特色相结合　综合实践活动　实施模式

如何探索与明德官中特色相结合的综合实践活动实施模式？不同的人有不同的理解，不同的理解就有不同的价值标准、不同的教学理念以及不同的实施模式。我校以“明德崇文，发展为本”为办学理念，旨在传承六十多年的明德官中文化与育人精髓，学校打造“明德教育”品牌，走特色强校之路。“与明德官中特色相结合的综合实践活动实施模式研究”课题，通过综合实践活动课程引领，用心弹奏综合实践活动新曲，倾心铸就学校特色办学的新篇章。

“与明德官中特色相结合的综合实践活动实施模式研究”课题经历了一年半的时间，已圆满结题，研究目的是不断探索和实践与明德官中特色相结合的综合实践活动实施模式，总结出高效益、高质量的综合实践活动，最大限度地追求综合实践活动质量的提高，更好地促进学生素质的发展。

## 一、与明德官中特色相结合的综合实践活动实施模式结构图

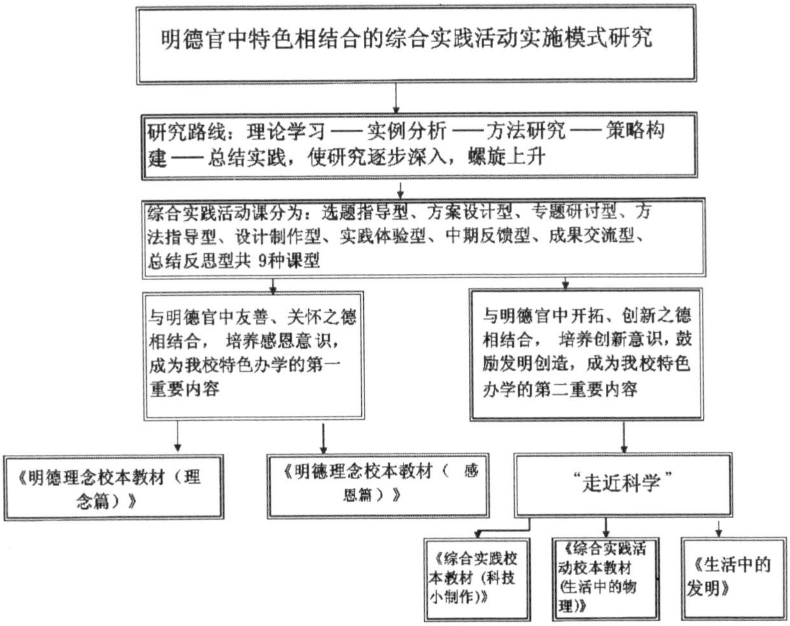


## 二、与明德官中特色相结合的综合实践活动实施模式特征

我们课题组在专家指点、外出学习、实践探究的基础上探究，初步确定了与明德官中特色相结合的综合实践活动实施模式研究基本模式，将综合实践活动课分为：选题指导型、方案设计型、专题研讨型、方法指导型、设计制作型、实践体验型、中期反馈型、成果交流型、总结反思型共 9 种课型。与明德官中特色相结合的综合实践活动实施模式专题，包括：培养感恩意识，与明德官中友善、关怀之德相结合；培养创新意识，与明德官中开拓、创新之德相结合。首先我们各自与学生确定好每学期将开展的综合实践活动的主题，主题虽不多，但要求有一定的特色，每期每位老师大概组织学生开展 2 ～ 3 个活动，这样就能较好地保证活动开展得深入并具有实效。同时要求老师将活动的各项资料都保存完整，以便进行研究。这样一个活动从活动的选题、分解，再到活动的策划、实施，以及到最后的总结、汇报都非常完整。老师对各个阶段的指导都亲力亲为，积累了很多宝贵的经验。

## 三、与明德官中特色相结合的综合实践活动实施模式研究的推进

为了扩大课题研究的影响力，使更多的老师觉得综合实践活动课有课可依，有法（方法）可循，凌宏盛老师率先在学校开设了一堂主题选题型的综合实践活动课供老师们研讨，内容为“官窑生菜会”。这堂课让课题组的老师进一步明确了综合实践活动课的组织形式，清楚与明德官中特色相结合的综合实践活动实施模式的特征，课型形式分明的课对综合实践活动课程的实施有着良好的促进作用。

**1. 与明德官中友善、关怀之德相结合，培养感恩意识，成为我校综合实践活动实施的第一项重要内容**

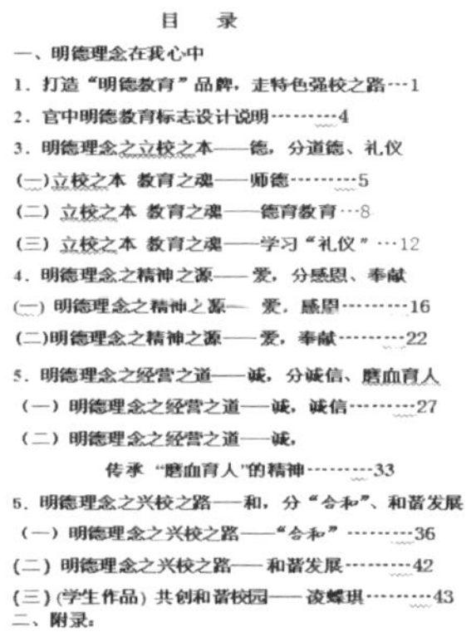

目　录

一、明德理念在我心中
1．打造“明德教育”品牌，走特色强校之路…1
2．官中明德教育标志设计说明…………4
3．明德理念之立校之本——德，分道德、礼仪
(一)立校之本 教育之魂——师德…………5
(二) 立校之本 教育之魂——德育教育…8
(三) 立校之本 教育之魂——学习“礼仪”…12
4．明德理念之精神之源——爱，分感恩、奉献
(一) 明德理念之精神之源—— 爱，感恩…………16
(二)明德理念之精神之源——爱，奉献…………22
5．明德理念之经营之道——诚，分诚信、磨血育人
（一）明德理念之经营之道——诚，诚信…………27
（二）明德理念之经营之道——诚，
传承“磨血育人”的精神…………33
5．明德理念之兴校之路——和，分“合和”、和谐发展
（一）明德理念之兴校之路——“合和”…………36
(二) 明德理念之兴校之路—— 和谐发展…………42
(三) (学生作品) 共创和谐校园—— 凌蝶琪…………43
二、附录：

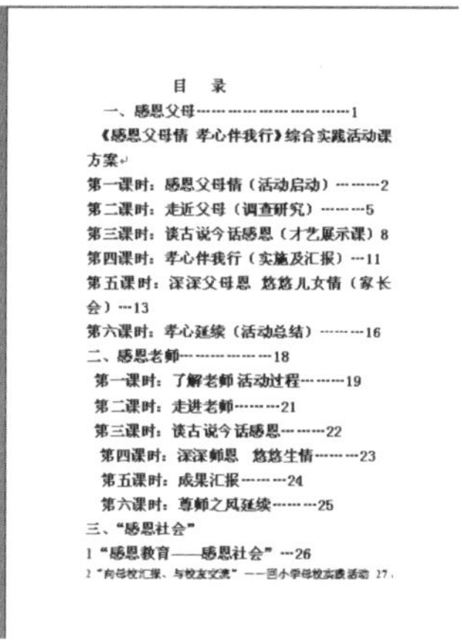

目　录

一、感恩父母…………………………1
《感恩父母情 孝心伴我行》综合实践活动课方案
第一课时：感恩父母情（活动启动）………2
第二课时：走近父母（调查研究）………5
第三课时：谈古说今话感恩（才艺展示课）8
第四课时：孝心伴我行（实施及汇报）…11
第五课时：深深父母恩 悠悠儿女情（家长会）…13
第六课时：孝心延续（活动总结）………16
二、感恩老师………………18
第一课时：了解老师 活动过程………19
第二课时：走进老师………21
第三课时：谈古说今话感恩………22
第四课时：深深师恩　悠悠生情………23
第五课时：成果汇报………24
第六课时：尊师之风延续………25
三、“感恩社会”
1“感恩教育——感恩社会”…26
2“向母校汇报、与校友交流”——回小学母校实践活动 27

《明德理念校本教材（感恩篇）》《明德理念校本教材（理念篇）》课程先从宏观整体入手，感悟体会“明德笃行”，再从具体的德行入手，通过综合实践活动、深入体验，注重自我教育，完善学生人格。

通过《明德理念校本教材》校本课程的教学，我们预期达到的目标：

（1）培育学生积极的情感态度，使其更加感恩父母、感恩老师、感恩社会，进而爱国、爱党、爱社会主义。

（2）培养学生的实践能力、探究能力、收集信息能力及合作精神、创新精神等。

（3）学习一些学生认知能力可以接受的人文社会知识、自然科学知识及简单的生存劳动技能等。

将校本课程与国家课程同样安排在课程表中正常上课，每周1课时，并由专门老师授课。

**2. 与明德官中开拓、创新之德相结合，培养创新意识，鼓励发明创造，成为我校综合实践活动实施的第二项重要内容。**

逐渐形成了与明德官中特色相结合的综合实践活动——科技发明活动的特色，即以科技发明活动为载体，贴近生活，在观察、构思、制作的活动过程中，全面促进学生情意、动作技能和认知协调发展，培养学生的创新精神和实践能力，将科技发明教育与综合实践活动实施有机结合。

成立科技兴趣小组，我校的“走进科学”系列校本课程，初一必修《明德官中科技教育校本教材》，初二必修《综合实践校本教材——科技小制作》，初三必修《校本课程——走进创新》。让每一个学生都能系统地接受创新发明教育，并客观地评价自己的意识活动。这样，我们的科技发明教育，从点发展到面，把创新的种子撒播在每个学生的心里。

## 四、对与明德官中特色相结合的综合实践活动实施模式研究、推广后对学校的影响

### 1. 学生得以成长

丰富了学生的精神生活，激发了学生的求知欲望，张扬了学生的个性，培养了他们的实践创新能力。

### 2. 教师得以提高

教师的课程开发意识不断增强，主持人凌宏盛撰写的《明德官中综合实践活动与科技创新的培养》《学校科技特色多元评价机制对学校科技创新的作用》《综合实践活动“无痕德育”调动创新思维的实践和探索》《综合实践活动科技创新领域的作用》《渗透绿色环境教育 培育“绿色”新人》等五篇论文，分别获南海区优秀教学论文奖，凌宏盛被聘为狮山镇综合实践活动中心组组长、南海区综合实践活动组成员、狮山镇名师。

教师在课程的设计与教学行为上，更加关注学生的发展与成长，得到社会好评。凌宏盛老师的“综合实践选题指导课——官窑生菜会”“网络的利与弊”等展示交流课得到领导、同行的好评。网上“晒课”“优课”中，综合实践选题指导课“官窑生菜会”被评为优秀课程。

| 校本课程 | | | |
|---|---|---|---|
| 课程名称 | 出版时间 | 主编 | 副主编 |
| 明德理念校本教材（理念篇） | 2016.2 | 彭英杰 | 凌宏盛 |
| 明德理念校本教材（感恩篇） | 2016.2 | 彭英杰 | 凌宏盛 |
| 明德官中科技教育校本教材 | 2015.3 | 凌宏盛 | |
| 综合实践校本教材——科技小制作 | 2015.3 | 凌宏盛 | |
| 校本课程——走进创新 | 2015.3 | 凌宏盛 | |
| 校本课程——趣味数学 | 2015.3 | 凌宏盛 | |
| 明德官中保护我们共有的家园校本教材（页设） | 2015.3 | 凌宏盛 | |
| 环保综合实践活动校本教材 | 2015.3 | 凌宏盛 | |
| 明德官中读书指导校本教材 | 2015.3 | 凌宏盛 | |
| 方案、管理制度有关资料等 | | | |
| 资料名称 | 出版时间 | 主编 | 副主编 |
| 科技创新实践活动方案 | 2015.1 | 凌宏盛 | |
| 明德官中多元的教师评价体系 | 2015.1 | 凌宏盛 | |

续表

| | | | |
|---|---|---|---|
| 明德官中科技特色多元评价管理试行办法 | 2015.1 | 凌宏盛 | |
| 明德官中校园科技节学生社团活动成果展示活动方案 | 2015.1 | 凌宏盛 | |
| 狮山镇官窑初级中学 2014 科技节活动方案 | 2015.1 | 凌宏盛 | |
| 明德官中实施综合实践活动校本课程工作汇报 | 2015.1 | 凌宏盛 | |
| 明德官中综合实践活动课校本课程管理制度 | 2015.1 | 凌宏盛 | |
| 明德官中构建“书香校园”特色，营造活力校园机制试行办法 | 2015.1 | 凌宏盛 | |
| 综合实践活动开展课题研究与“明德官中”教育相结合情况 | 2015.1 | 凌宏盛 | |

### 3. 学校得以发展

（1）为保证综合实践活动的顺利实施，学校成立了领导小组，负责学生综合实践活动课题的确定、综合实践活动的进程、成果展示等。

（2）建立了综合实践活动的教研制度，学校每学期至少举行一次综合实践活动教学案例交流，进行一次研究综合实践活动汇谈。每位指导教师每学期至少开设一节综合实践活动成果展示课。

（3）汇编综合实践活动研究论文集。总结科技创新实践活动的目标层次和实践模式，分类整理活动指导材料（包括科技创新实践活动的计划、教材、论文、案例、活动的编辑）。教师不断提高了自我反思能力，写出了大量有价值的案例与论文。有多篇论文发表、出版并获奖。

（4）综合实践活动成果活动展示。获得一系列学生开展科技创新实践活动的学习成果，如小调查、小制作、小发明、小论文、小设计等，以及评价学生科技创新实践素质的调查、分析方案、数据，反映科技创新实践活动的研究成果。

（5）提供时间保证。根据我校实际，我们将综合实践活动时间划分成两部分：①坚持每周一节基本活动课和一节弹性活动课（时间可集中使用）；②寒暑假、五一、十一长假、双休日为创新实践活动时间。

# 初中生物课堂教学媒体应用不当的问题与对策

广东省佛山市南海区西樵镇西樵中学　刘杰群

【摘　要】在初中生物教学中，教师可选择和应用的教学辅助媒体种类很多，常用到的教辅媒体主要集中在教参随附的DVD视频资源、Flash动画、PPT课件、实物投影仪和传统的粉笔加黑板五类。本文针对日常教学中教学媒体应用不当的问题，通过教学实例提出了几个具体可行的应对策略，展示了这些对策在课堂教学中的辅助实效。

【关键词】初中生物　课堂教学　媒体应用　问题与对策

随着多媒体技术在生物课堂教学中的推广应用，教师常用到的教辅媒体有教参随附的DVD视频资源、Flash动画、PPT课件、实物投影仪和传统的粉笔加黑板五类。很多教师在应用媒体时没有从学生学习的角度来选择，或应用相关媒体前后缺乏必要的辅助说明或小结，又或借助了过多的媒体、过于花哨，违背了辅助性、实用性原则，最终导致了课堂教学的低效。

## 一、教参随附DVD视频资源的应用问题及其对策

教科书配备的教师教学用书附有详尽的DVD视频资源，每个教学资源视频均附有内容翔实的教材解说，因部分教师在使用时没有加以筛选和剪辑，这就引发了三种普遍存在的问题：①用视频的播放代替教师的授课；②教师对所播放视频的内容缺乏小结、归纳和反馈；③没有选择（截取）恰当的片段来教学，实现视频资源的辅助作用。为保证课堂教学的高效，教师有必要对所选用的视频资源进行对比、分析，在应用的前后要辅以必要的辅助说明，充分挖掘视频资源的教学辅助作用。

例如：生物学八年级上册第六单元第二章“认识生物的多样性”有三个教参随附DVD视频资源，分别是时长4分52秒的《生物种类的多样性》、时长4分47秒的《生物基因的多样性》和时长3分21秒的《多种多样的生态系统》，三个视频加起来耗时13分钟，而大多数学生在观看完三个视频后仍然对生物多样性的三个方面难以理解。我的处理方式是节选时长为1分19秒的《生物的多样性》概述视频，让学生对生物多样性的三个方面有个整体认识，接着引导学生研读教材内容，学习生物多样性的三个内涵，在此基础上再播放时长为1分13秒的《生物种类的多样性》节选视频，让学生与多样性的另两个方面（基因多样性、生态系统的多样性）进行比较，区分出这三个多样性，进而理解它们三者之间的关系。这样一来，学生先构建一个整体认识，再由整体到局部、到三者之间的关系，逐一突破教学难点，帮助学生构建一个系统的生物多样性概念框架，也有助于学生理解和掌握，促进课堂教学效率的提高。

## 二、Flash 动画的应用问题及其对策

借助 Flash 动画演示某些生物学微观过程，能帮助学生深入理解和构建系统知识，有效地辅助日常教学。然而，有部分 Flash 动画是缺少声音讲解的，需要教师在播放前提醒学生要关注的细节或内容，在播放时要辅以讲解才能有效地帮助学生理解实际的过程和知识。同时，播放 Flash 动画后教师需要辅以简要的小结归纳，如选用的 Flash 动画演示过程过短、过快，必要时教师应再播放一次加深学生的认识。

例如：生物学七年级下册第四单元第五章“人体内废物的排出”第一课时“尿的形成过程”。在授课过程中很多教师会选用如图1的 Flash 动画来辅助讲解血液在流经肾单位后其成分的变化以及尿液的形成过程，但这个 Flash 动画的弊端是没有声音，加之演示速度很快，代表血液各成分的各色小圆点混在一起容易让人眼花缭乱，分不出彼此。这就需要教师在播放前先提醒学生关注左列的六个小圆点各代表血液的什么成分，引导学生注意观察这些小圆点的运动路线，必要时可以向学生明确先关注前三个圆点，同时明确播放第二次时再关注后三个圆点，然后再来播放视频，这才能有效地发挥该 Flash 动画的教学辅助作用。

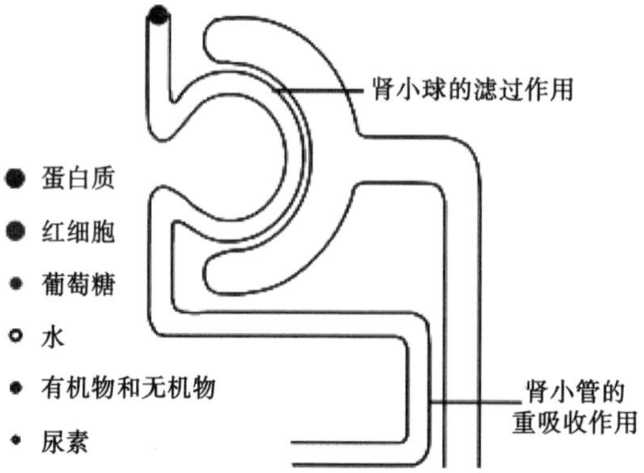


图 1　尿的形成过程 Flash 动画截图

## 三、实物投影仪的应用问题及其对策

实物投影可用于投影胶片，投影学生练习卷、书籍，还可用作现场直播的摄像机，但大多数生物教师忽略了其作为“现场直播的摄像机”的功能。

例如：生物学七年级上册第三单元第四章“绿色植物是生物圈中有机物的制造者”中的光合作用实验。很多学校由于实验室条件不足，教师只能在教室里进行演示实验，如教室里配备了实物投影仪，教师只需把实物投影仪的镜头对准讲台，调整到实物投影模式，实物投影仪就会把教师在讲台上演示的所有步骤都现场直播到投影屏幕上，让教室内的全体同学都能清楚地观察到教师的演示过程、实验现象等，极大地发挥了实物投影仪的教学辅助功效。

## 四、粉笔加黑板的应用问题及其对策

粉笔加黑板这一传统的教学辅助媒体至今仍在很多乡镇学校被广泛使用，在一些条件好的学校，白板和多媒体电子白板也有类似粉笔加黑板的功能。然而，很多教师在运用多媒体平台教学后全程运用 PPT 课件，完全忽略了粉笔加黑板的一些优越功能。如在生物学复习课时，教师就可借助画黑板画的方式来帮助学生梳理知识，引导学生自行画图复习，加深印象。

例如：复习生物学八年级上册第一章第一节“鱼”。教师可以一边画鱼的结构图（见图 2），一边引导学生说出相关结构的名称、特征和具体功能，帮助学生深化图形结构与功能的认识，还可以借此引导学生学会自行画图复习，边画图边思考各结构名称和功能，指导学生把相关知识点简要标注在图画上，系统地建构和梳理知识。这样的复习方式较之于一般的复习记忆方式要生动有效。

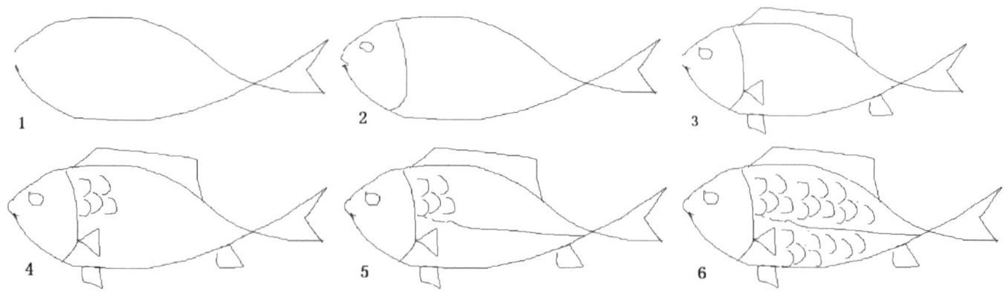


**图 2　复习“鱼”的形态结构和功能**

综上所述，对于生物课堂教学中媒体应用不当的问题，其对策就是要从学生的视角来选择教学媒体，应用相关媒体前后辅以必要提示和说明，本着实用性的原则，以避免媒体多样化而教学功能低效等问题的出现。

# 七年级生物学生活化课堂的构建和实践研究

广东省佛山市南海区西樵镇西樵中学　刘杰群

【摘　要】本研究通过教育实验法，选取本人任教的七年级六个班的学生作为研究对象，采取利用多媒体为学生营造生活化学习场景、运用生活化的语言为学生营造生活化的学习情境、引入生活实例进行案例分析等方式构建了学生自主学习为主的生活化课堂教学方式，同时辅以生活化作业的布置等方式来促进学生对生物学知识的运用、实践和生活经验的形成，并通过问卷调查和学科测试等形式来检验该教学方式的效果。实施这种教学方法，对学生理解和运用生物学知识、形成生活经验上的实效性，以及对学生自主学习和实践能力的提升起到重要的作用。

【关键词】生物学　重要概念　策略　教学方式

## 一、问题的提出

生物学是一门与生产、生活紧密联系的学科，许多知识源自生活，与我们的日常生活、衣食住行、生产实践、生态环境息息相关。2011 年版《义务教育生物学课程标准》从学生的认知角度出发，加强了课程内容与学生生活以及现代社会和科技发展的联系，关注学生的学习兴趣和已有的生活经验，精选终身学习必备的基础知识和技能，强调学生的主动学习。2010 年 9 月至 2012 年 6 月，本人开展了为期两年的学案辅助引导学生自主学习生物的教学方式研究，形成了一个可循环操作的教学方式来组织学生开展生物学的自主学习。2012 年 9 月至 2014 年 6 月，本人开展了初中生物学重要概念教学的实践研究，总结出可以借助前概念、设置任务情境、以问题定向引导、以案列分析引导、以课时学习目标引导和借助识记—保持—提取方式实现对重要概念高效记忆等教与学的策略来开展初中生物学重要概念的教学活动。但这两个课题的研究都忽略了同一个问题——生活化，即如何实现生物知识的生活化教学，与学生的生活紧密联系起来，提高学生运用知识解决生活实际问题的能力。针对这个问题，本人在七年级生物学教学中进行了一年的生活化课堂构建和实践研究。

## 二、生活化课堂

教学的生活化是将教学活动置于现实的生活背景之中，从而激发学生作为生活主体参与活动的强烈愿望，同时将教学的目的、要求转化为学生的内在需要，让他们在生活中学习，在学习中更好地生活，从而获得有活力的知识。

本研究中的生活化课堂，是将与学生生活息息相关的生物学知识融入到课堂教学中，丰富生物课程资源，让生物课堂教学环境、教学内容都能实现生活情景化，学生能运用生物学知识解决生活中的问题，让生物知识走向生活实践。

## 三、生活化课堂教学方式

初中阶段生物学科的教学课时有限，为实现生物学的生活化教学，在有限的时间内完成既定的教学目标，优化教学结构，本人结合 2010—2012 学年和 2012—2014 学年的两个研究成果，尝试在七年级生物学课堂教学中构建生活化课堂，同时兼顾学生自主学习能力的培养和重要概念的教学，经过一个学年的教学实践，初步形成了如图 1 所示的生活化课堂教学方式。

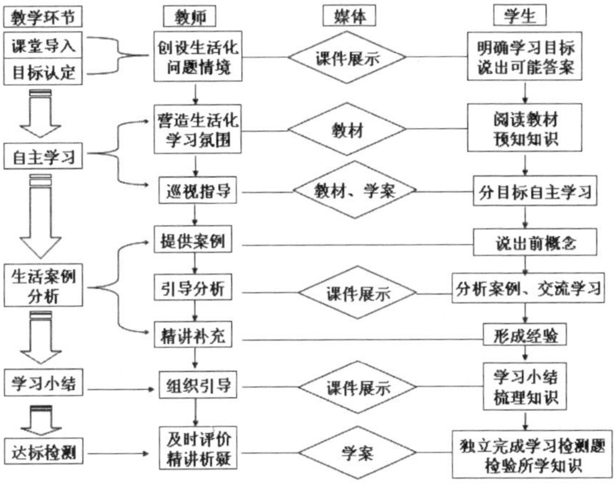


图 1　七年级生物学生活化课堂教学方式流程图

## 四、生活化课堂教学策略

本研究经过一年的教学实践、观察和检验，形成了四项有助于构建生活化课堂、提高教与学效率的策略，这些策略的运用也有助于学生对生物学重要概念的建立、理解和应用。

**1. 借助多媒体（CAI 课件等），为学生营造生活化的学习场景**

借助多媒体（CAI 课件等），为学生营造生活化的学习场景，能让学生感同身受地体味生活常见问题和学习应对方法。如在“输血与血型”一课，通过小明一家遭遇车祸以及由此引发的一系列后续问题的引入和分析，帮助学生学会分析血量与人的生命之间的关系，以及应如何急救等相关生活知识。

**2. 运用生活化的语言为学生营造生活化的学习情境**

生物学是一门科学学科，许多知识的用语相对于七年级学生来说是比较枯燥无味的，用生活化的语言去描述，能使抽象的知识变得通俗易懂，让学生体会到学习的乐趣。如学习食物链的物质和能量流动时，用生活中的俗语“弱肉强食”来表述，学生就容易明白为什么低级别的生物会被高级别的动物所食。

**3. 引入生活实例进行案例分析能帮助学生更好地理解和运用知识，形成经验**

生物学是研究生命活动规律和现象的科学，与学生的日常生活息息相关。在学习“温室效应”时引入实例：冬天的课室紧闭门窗，室内很温暖，学生都愿意待在课室里，时间一久，部分同学开始打呵欠，这呵欠像会传染一样，越来越多的同学开始呵欠连天，如果继续在这个课室里待着，会让人昏昏欲睡，甚至会产生更严重的后果。进而让学生认识到二氧化碳是导致温室效应的元凶，它能导致一系列的环境问题，让学生从中形成了生活经验：冬天不能紧闭门窗，要留空气流通的通道，确保健康。

**4. 布置生活化的作业促进生物学知识的运用和生活经验的形成**

学习生物学知识是为生活服务的，在学习之后引导学生进行课后实践将有助于学生对生物学知识的理解和运用，也有助于相关生活经验的形成。如学习植物的蒸腾作用后布置课后生活实践作业，探究同一植物同样大小的两个枝条的蒸腾作用。通过探究，学生能深刻认识到植物通过叶片能够源源不断地向大气蒸腾水蒸气，降低空气湿度，增加降雨。有学生就提出在开空调的室内可以放置一两盆绿色植物来帮助调节室内湿度。

## 五、教学实践

### 1. 实践对象和时间

选取本人任教的七年级学生共六个班（2014 年 9 月入学）为实践对象，同年级其他班级为对照班。

教学实践时间从 2014 年 9 月 1 日（新学期开学）至 2015 年 6 月 24 日（南海区生物期末统考），为时一个学年。

### 2. 实践方式

（1）本研究采用义务教育教科书（教育部审定 2012）《生物学》七年级上、下册为教学用教材；学期末测试采用南海区统一印发的试卷对学生的学习情况进行检测，通过与对照班以及全年级整体情况的对比和进行试卷分析，了解本研究对学生学业成绩和知识运用能力的影响。

（2）教学实践中各班统一使用生物备课组编印的“学案”作为教学辅助资料，教师制作多媒体课件辅助教学，运用生活化课堂教学方式循序渐进地进行实践研究。

（3）在教学实践每个学期结束时进行生活化教学和学习情况问卷调查，用以了解学生对教师采取的教学策略和教学方式的认同度，分析存在的问题，调整研究思路和方法。

## 六、研究结果

经过两个学期的教学研究和实践，本研究形成了四种教学策略和一种生活化课堂教学方式，使得生物学的教学能依照《生物课标》的要求有序地开展，在提高课堂教学效率的同时实现生物知识生活化教学的目的，也得到学生的认可（见表 1）。

表 1 “本学期生物老师采取的生活化教学方式”问卷调查统计表

| 题目 | 选项 | 人数（人） | 比率（%） |
|---|---|---|---|
| 1. 你认为本学期的生物课堂有无融入相关生活知识？ | A. 融入很多与生活息息相关的生物学知识 | 34 | 70.83% |
| | B. 有融入，还不够丰富 | 10 | 20.83% |
| | C. 很少融入与生活息息相关的生物学知识 | 1 | 2.09% |
| | D. 不知道，没留意这个问题 | 3 | 6.25% |
| 2. 老师进行生活化教学时采用了下列哪些方法？（可多选） | A. 组织同学自主学习 | 32 | 66.67% |
| | B. 讲解书本内容 | 36 | 75.00% |
| | C. 以讲的方式列举生活实例 | 40 | 83.33% |
| | D. 图文并茂列举生活实例 | 32 | 66.67% |
| | E. 播放视频短片 | 43 | 89.58% |
| | F. 引导同学开展课后实践 | 42 | 87.50% |
| | G. 引导同学记录课堂知识给我们的生活启示 | 27 | 56.25% |
| | H. 用生活中常见的问题展开教学 | 24 | 50.00% |

注：共有 48 人参加问卷调查。

在这一学年的生活化教学研究和实践过程中，不论是学生还是教师本身都有很大的收获，课堂教学的效率也得到提高，成效显著（见表 2 和表 3）。

表 2 “关于‘生物学’这门课程”问卷调查统计表

| 题目 | 选项 | 人数（人） | 比率（%） |
|---|---|---|---|
| 1. 对于“生物学”这门课程的学习，你的态度是 | A. 很有兴趣，喜欢学 | 32 | 66.67% |
| | B. 有点兴趣，会认真学 | 14 | 29.17% |
| | C. 没兴趣，但会认真学 | 2 | 4.16% |
| | D. 没兴趣，为了成绩去学 | 0 | 0.00% |
| 2. 在生物课上学到与生活相关的知识，你会 | A. 通过网络的途径寻找更多的相关知识 | 19 | 39.58% |
| | B. 尝试生活实践来检验知识的正误 | 24 | 50.00% |
| | C. 不会实践检验，但会告诉家人和朋友 | 5 | 10.42% |
| | D. 不会实践检验，也不会告诉他人 | 0 | 0.00% |
| 3. 对于生物课程中涉及的课外实践内容，你会 | A. 很有兴趣，会自己尝试实践 | 24 | 50.00% |
| | B. 有兴趣，老师布置会去实践 | 17 | 35.42% |
| | C. 有兴趣，但不会去实践 | 7 | 14.58% |
| | D. 没兴趣 | 0 | 0.00% |

注：共有 48 人参加问卷调查。

从表 2 中的数据可以看出：66.67% 的学生学习生物学的兴趣浓厚；50% 的学生会自觉在课后进行生活实践，积累生活经验；39.58% 的学生还会自觉地学习和积累相关生物学知识。这表明本研究中，学生在学习生物学知识的同时积累了学习经验，能延伸到课后，为生活服务，学生的自主学习和实践能力得到培养，运用知识解决生活实际问题的能力得到加强，预期的研究目标得到实现。

**表 3　所任教班级成绩与年级平均成绩比较一览表**

| 项目 | | 2014 至 2015 学年第一学期 | 2014 至 2015 学年第二学期 |
|---|---|---|---|
| 任教学科、年级 | | 七年级 | 七年级 |
| 任教班级 | | 14、15、17、20、21、22 班 | 14、15、17、20、21、22 班 |
| 所教班级 | 平均分 | 81.26 分 | 83.07 分 |
| | 合格率或 C 级以上（%） | 92.24% | 93.64% |
| | 优秀率或 A 级以上（%） | 62.57% | 72.66% |
| 学校范围 | 平均分 | 74.57 分 | 75.44 分 |
| | 平均合格率或平均 C 级以上（%） | 82.46% | 81.61% |
| | 平均优秀率或平均 A 级以上（%） | 46.62% | 52.12% |
| 统考范围 | | 南海区 | 西樵中学 |

对比表 3 数据可以看出，本人所任教班级的生物学考试成绩在两次南海区统考中均名列年级前列，说明本研究的开展能有效促进课堂教学、提高课堂教学和学生学习效率，也有助于教学成绩的提高。

## 七、存在问题及后续研究建议

### 1. 存在问题

本课题经过一个学年的研究与实践，目前已取得部分研究成果，成效也比较显著，但也暴露了一些问题，如所收集的生活化课程资源不够系统和全面；生活化知识和案例的选择以及使用范围还不够广；有些教学内容是授完课后才联系起某些必要的生活化内容或经验；构建的生活化课堂教学方式也有待进一步完善。

**2. 后续研究建议**

在后续研究中可以从以下三个方面来丰富和完善本课题的研究成果：

①广泛收集生活化课程资源，选择学生熟悉的案例引入课堂

收集生活化课程资源的途径可以通过同行教师的交流、互助，可以利用网络资源，还可以发动学生参与收集，多方式多渠道实现广泛收集生活化课程资源的目的。对于收集来的资源要精心筛选，从学生的角度来择优使用，提高利用效率，并整理成册，为后续的教学服务。

②深入探究初中生物学生活化教学的方式（操作流程），提高课堂教学效率

目前的生活化课堂教学方式还不够完善，如何组织课堂教学更加有利于生活化知识的引入、学习和经验的形成等还有待教师进行深入探究和实践，最好能邀请兄弟学校同行教师共同参与研究，扩大研究对象，便于比较和分析研究成效。

③研究如何在生物学生活化教学过程中创造性地使用教材，为学生和教学服务

人教版七年级生物学教材编写过程中设置的情境不能完全符合广东省的实际情况，这类由地域、生活习惯等形成的差异需要教师结合本地的具体情况来创造性地使用教材，对教材内容进行必要的增减，或调整教学顺序，使教学内容与学生的生活更紧密地联系起来，更好地为教学服务，为学生服务。

**【参考文献】**

［1］生物课程标准研制组．生物课程标准（2011 年版）解读［S］．北京：北京师范大学出版社，2012：32.

［2］周建益．聋校语文教学生活化的思考与实践［J］．中国残疾人，2004（6）：36-37.

（此文获广东省论文评比二等奖）

# 有效开展小组合作学习的几点做法

广东省佛山市南海区西樵镇西樵中学　刘杰群

【摘　要】生物学教育要面向全体学生，通过探究性学习来提高学生的生物科学素养，“小组合作学习”是课堂教学中开展探究性学习、发挥学生主体作用的一种有效方法，也是当前引导学生主动参与、乐于探究、勤于动手，提高交流与合作能力的重要途径。本文着重探讨了如何利用生物课堂开展小组合作学习，以提高学生自主学习能力以及交流、合作能力。同时，探讨了如何通过设置激励机制，优化教学环节，确保小组合作的时间，强化小组合作观念等方式促进小组合作学习。

【关键词】小组合作学习　能力

小组合作学习有助于培养学生合作精神、团队意识和集体观念，有助于培养学生正确的竞争意识和能力，同时通过小组成员间互动和帮助，能实现每个学生都得到发展的目标。随着新教材的推广，“小组合作学习”这一教学方式也日益成为众多教师教学的首选，似乎任何一个科目、任一教学内容都必须开展小组合作学习才能实现教学目的。但是，我们应明确，这只是有效开展探究性学习的一种方式，根据教学目标、教学内容等合理地选择教学行为和学习方式，实现方式方法的多样化是非常重要的，要避免小组合作学习“有形无实、合而不作”等不良现象，使学生能在小组或团体中有明确的责任分工，开展互助性学习，完成共同的任务。

本人在生物课堂组织学生开展小组合作学习已一年有余，在某些方面收获不少，下面就谈谈自己的几点做法：

## 一、在小组合作学习中提高学生自主学习的能力

一般情况下，小组合作学习旨在通过小组讨论，互相启发，达到优势互补，解决个体无法解决的疑难的目的。但是小组合作学习必须建立在自

主学习的基础上，没有小组合作前的认真阅读，深入思考，就组织小组讨论，将会出现坐享其成、人云亦云、盲目跟从等不良现象，学生对小组内的不同见解根本无法提出真正意义上的赞同或反对，也无法做到吸收有效成分修正自我观点的效果。因此，教师在组织学生参与讨论或探索之前，一定要留给学生一定的自主学习、独立思考的时间。

本学期本人着重利用小组合作学习提高学生自主学习中的问题能力。问题能力包括发现问题、提出问题、解决问题三个方面的能力。首先，在小组合作学习之前，让学生开展自主学习，即让学生在独立学习过程中初步了解当堂课要学习的知识，找出存在疑问的地方，进而提出疑问。接着，指导学生在小组内摆出自己的疑问，由小组成员共同合作，将每个人的疑问逐一解决；对于在小组内实在无法解答的问题，再在班上提出，由其他小组的成员或由师生共同探讨解答。这一做法需要较充足的时间作为保证，因此要依据教学内容而选择性地使用，对于一些通过学生提出问题、解答问题后就能达到教学目标的课就可以采用这一方式，不是这一类型的课就要采用其他方式组织教学。

如学习“细菌和真菌在自然界中的作用”一课中“引起动植物和人患病”以及“与动植物共生”两点知识时，本人指导学生尝试做一回老师：从这两点内容中出题目考考全体同学，看看哪个“小老师”出的题目实用价值最高。这么一说，学生找问题的劲头顿时高涨起来，书也看得更仔细，最后学生一致认为下列几个问题是既密切结合本节内容，又有价值的：（1）怎样区分共生与寄生？（2）在人体内与人体共生的细菌对人体有利之处体现在哪些方面？（3）怎样才能很好地防治细菌和真菌引起的疾病？（4）细菌和真菌对人、动物和植物是利大于弊，还是弊大于利？随着问题的提出，学生在判断哪个问题更有价值的同时已在不经意间思考了每一个问题，包括是否结合本节内容、怎么解答等等。事实上，学生在提出问题时自身就有一个对问题思考、解答的思维过程。因此，教学内容就在学生做“小老师”，解答“小老师”问题的过程中被学生理解和掌握了，学生的问题能力也得到了加强。

## 二、利用小组合作学习在课内外的延伸提高学生的交流和合作能力

生物课程设置的特点，就是有许多让学生课前查阅资料、开展调查活

动，课后制作、探究实验等小组合作学习的契机。针对这一学科特点以及教学的需要，引导学生在课前以小组为单位开展收集资料、调查等活动，为课堂上分析资料时的小组讨论和交流做好了铺垫，同时也提高了学生的分工、收集并整理资料的能力，以及交流和合作的能力。而课后的动手制作和实验探究则更进一步地加强了学生合作和学以致用的能力。

如“真菌”一课，课本内容以几幅彩图和一个活动“观察和思考”，以及短篇幅的文字介绍就囊括了真菌的相关知识，如仅仅靠学生阅读和教师讲解，本节课将无法让学生充分掌握知识，也无法提高学生进一步深入学习的兴趣。因此，本人在上课前一周先指导各小组成员利用课余时间分工合作，通过查阅相关书籍、杂志，或借助网络查找出真菌的有关资料：真菌的种类、结构、繁殖方式、营养方式、用途、生活在什么地方、怎样鉴别食用菌和有毒菌等。课上，本人用一真菌实物（香菇）和一株完整的植物提出问题“真菌和植物有什么不同？”来指导学生畅所欲言，激起学生学习的兴趣，让学生在尝试与错误中迸发进一步探究的热情。接着，指导学生结合小组成员查找的资料，资源共享，以小组为单位共同找出真菌不同于植物的特点。由于课前已做好充分的准备，学生均能积极配合组员展开合作学习。本人的工作就是要在黑板上记录好学生的观点，对于全体学生共同努力后还不够完整的方面再给予一定的提示，最终归纳出全面并准确的结论。这样组织教学，可把教学流程化复杂为简单，既利于增强学生课前准备资料的积极性，又利于以后相似教学内容的组织，还有助于提高学生交流和合作的能力，可谓一举多得。

## 三、优化教学环节，确保小组合作的时间

在很多标榜小组合作学习的示范课中，我们常常发现所谓的小组合作学习不可避免地存在走过场的现象。为避免这一现象也出现在自己的生物课上，在备课时就必须想方设法确保小组合作学习的时间。经过三个学期的不断摸索，目前最为有效的方式就是要优化各教学环节，即对于学生通过阅读就能理解的知识，就交给学生自行把握；通过小组成员共同探讨能解答的问题就在小组内解决；难理解的知识点则由老师通过实例、动画演示或图表帮助学生理解；当讲解某个知识点让学生明白又超出时间的预算时，就及时舍弃某些原本设置的、对实现教学目标影响不大的环节，集中

精力解决难点。这么做既能保证学生有足够的时间开展小组合作学习，也使生物课堂的教学结构变得精简、有实效，无形之中也促使本人的教学从原有的教教材逐步向用教材转型，达到了新课标的要求。

## 四、设置一个激励机制促进小组合作学习

要让学生乐于接受并自觉开展小组合作学习，就必须让学生在合作中找到乐趣，尝到合作学习的甜头。因此，设置一个激励机制显得尤为重要。但这激励机制不能一成不变，也应随教学内容、教学时段、教学年级、班级的不同而不同。如在教学过程中组织学生以小组为单位开展组间竞赛，可采取评选优胜组加分的方式激发学生的好胜心，进而促进小组合作学习。对于某些课前已准备好相关资料的课，则可采用设置合作箱，箱内放置“回答”“协助”“等待”等小纸条的方式加强小组成员间的合作。经过一年多的不断尝试和摸索，本人认为最为有效的激励机制是设置学生评价表，当中包括学生的自评、同学的他评、教师评议、总评四个方面，前三栏评价分值满分为 10 分，总评则取前三栏的平均值，并将总评成绩直接计入期末总评成绩中，评价的依据主要集中在是否积极参与小组合作等方面的表现。当然，在设置学生评价表的基础上还需结合其他的激励方式，这才有利于长期、有效地促进学生开展小组合作学习。

## 五、强化小组合作观念，使之深入学生心中

开展小组合作学习活动后常要以小组为单位进行全班性的汇报交流，如果学生的小组合作观念不强，小组代表一站起来发言就是“我认为……”“这个问题说明……”“我觉得……”，这样的汇报往往只代表个人的意见，让小组合作流于形式。因此，本人通过语言提示“你个人的观点不错！你们小组的结论又是什么呢？”进而引导学生汇报时采用“我们小组认为……，我个人认为……”“我们小组的结论是……”的方式汇报，同时本人也采用“你们小组合作得很好！”“你们小组的观点很不错！”等语言给予评价，让学生在潜移默化中加强小组合作观念。一旦学生形成了小组合作学习的良好习惯，学生就会主动参与小组合作学习，乐于探究问题，勤于动手实践……因此，在课堂教学中开展探究性学习、发挥学生主体作用也就不成问题了。

综上所述，学生自主学习能力强是有效开展小组合作学习的前提，因而不能忽略学生自主学习能力的培养。把小组合作学习延伸到课外，有助于提高学生交流和合作的能力，也是在课堂更有效地实施小组合作学习的关键之一。另外，优化教学环节、设置激励机制、强化小组合作观念等，都是有效开展小组合作学习不可或缺的。

在生物课堂中实施小组合作学习是开展探究性学习、发挥学生主体作用的一种有效方法，也是当前引导学生主动参与、乐于探究、勤于动手，提高交流与合作能力的重要途径。学生具备合作精神、团队意识和集体观念，养成正确的竞争意识和能力，是我们每个老师的共同目标，这一目标不是短时期就能实现的。因此，本人将继续组织学生开展小组合作学习，通过小组成员间互动和帮助，实现每个学生都得到发展的目标。

**【参考文献】**

[1] 中华人民共和国教育部．义务教育生物学课程标准［S］．北京：北京师范大学出版社，2018.

[2]中华人民共和国教育部．生物课程标准(2011年版)解读［M］．北京：北京师范大学出版社，2018.

[3] 汪忠．王重力．卢建筠．生物新课程的评价与资源［M］．北京：高等教育出版社，2003.

（此文获广东省论文评比二等奖）

# 探讨中学生物教学的未来教育模式

佛山市第十一中学　岑雪雄

什么是未来教育模式呢？很多教师都知道就是信息技术与学科教学的有机整合，然后再运用到实际教学中。信息技术与学科教学的有机整合，是我国基础教育的改革方向。怎样将信息技术与学科教学有机地整合在一起，是我国近年来一直在探索的课题。现代化设备的普及和应用，信息技术与学科教学的整合更加深入，多媒体教学已经成为教师不可或缺的教学方式，中学生物教学也是如此，而且应用得更多，因为生物是一门形象而又抽象的学科，通过各种图形、声音、颜色等方式来作用于学生的感官，吸引学生的注意力，又有利于学生对知识的了解和掌握。但是多数生物教师应用多媒体教学都是以演示的方式来教学，把各种文字、声音、图片、视频等内容整合到一个 PowerPoint 文件、Flash 文件或 Authorware 文件中，然后在课堂上一一展示给学生看。不过近两三年比较时兴上网络课，而且网络教学也是现在各级教育部门极力推崇的一种现代化教学模式，又称为——未来教育模式。在这里要探讨的就是网络教学这种未来教育模式。

## 一、理念与优势

网络教学不一定要在真正的网络上，一般的中学都有网络教室，也就是学生电脑室，学生机一般都联网，可以在网络教室里通过局域网、课件以网页的形式让学生浏览，然后根据老师所提出的问题，在网页课件中找到答案，并通过 BBS 或论坛反馈给教师，教师可以马上做出回应。这样的网络多媒体教学可以为学生创造主动学习的氛围，激发学生的学习积极性，培养学生的自学能力和创新能力。例如：环境保护、鸟类多样性、饮食健康、传染病、性教育等内容都可以尝试网络多媒体教学。

网络教学改变了学生过去单一、被动的学习方式，由传统的接受式学习向主动性、探究性、合作性学习转变，建立和形成了能够发挥学生主体性的多样化的学习方式，促进学生在教师指导下主动且富有个性的探索性学习。探索性学习的过程，充分体现了学生的主体地位。教师只需巧妙地设置学习悬念，启发学生提出有研究价值的问题，最后引导学生研究问题，并指导学生合作、交流，进而得出研究性的结论。学生探索学习的过程，不仅提高了学生学习生物的理性认知能力，更重要的是激发了学生主动学习生物知识、探索生物问题的积极性，从根本上改变了学生等待老师传授知识的状况，消除了学生学习上的依赖心理。这就为教师从传统上知识的传授者、管理者、施教者转变为指导者、服务者、激励者起到了更大的推动作用。在现代的新的教学理念中，学生才是学习真正的主人。强调师生间角色的转换，要尽一切可能使学生由一个被动接受者变为一个主动探索者，全身心地参与到教学活动中去，成为探索性学习的主人，成为知识灵魂的主宰者。学习不再是被动地接受，不再是负担，而是一件令学生愉快的事情，这将使学生养成良好的学习习惯并打下良好的学习基础，从而终身受益。这应该就是我们教育教学的最终目的所在。

## 二、合理运用

合理地运用网络进行多媒体教学，可以充分发挥学生学习的自主性，加强学生与学生、学生与老师之间的互动性，学生学习知识也会更深刻。但任何事物都要两面看，千万不要为了能上网络课而不假思索地随便找一个内容就上了。我曾经听过一个教师的网络公开课，课题是“生物的进化”，但教师制作的网页的内容空洞，页面缺少美感，况且在上课时根本没有多少时间让学生浏览网页，多数时间是老师在讲课，把自己要演示的内容播放到学生的屏幕上，这样的网络课，完全可以在教室里上，不必来网络电脑室，做一个演示型课件就可以了。所以合理地选择好网络教学的内容是上好一堂网络课的关键，不要以为任何内容都适合网络教学，多媒体并不是不好，但有些内容可能用粉笔加黑板会更好。

要根据学生年龄特点，合理地选择课件，是上好网络课的另一个关键因素。素质教育强调教学过程中，学生是主体，教师是主导，教师引导学生自主学习，所以在课前制作多媒体网络课件时，就要根据不同的学生来制作不同的课件。例如初中生物强调感性认识，初中学生好奇心强，感性认识强于理性认识，所以制作一些图片多、版式漂亮的网页更有利于教学；而高中生物强调理性认识，制作一些内容多、范围广的网络型课件有利于高中学生的探究能力和创新能力的提高。

## 三、不足与弊端

很多教师在学习了如何运用网络教学后都感慨万千："未来教育的金钥匙""理念的大转变""质的飞跃""飞翔的新课改""教学的革命"，等等，对网络教学这种未来教育模式大加赞赏。但话又说回来，网络教学真的很好吗？生物教学是理论加实践的学科，很多时候强调动脑的同时要动手，所以大量运用多媒体教学尤其是网络教学，虽然能在较短时间里直接介绍多种动植物的形态、结构、生长、生态等各方面知识，扩大学生的知识面，但却不能够全面地培养学生的观察能力。因为录像等材料是经过加工制做出来的，有很多材料具有片面性，如时间的缩短或延长，实物的放大或缩小。如果单独看图片，不看实物，对自然界的观察能力会降低甚至会产生一些误解。只有在看录像、图片的基础上，让学生亲自接触大自然，做一做，摸一摸，量一量，闻一闻，尝一尝，才能得到真实完整的知识。如观察叶的形态时，让学生观察实物就比看录像好得多。如蚯蚓体表的刚毛和黏液，只有亲自动手摸一摸，才体会到粗糙的刚毛和湿润的体表；苔藓植株的大小，要亲手量一量，苔藓植物叶子的形态结构，要用显微镜观察，苔藓植物的生活环境，要到实地看一看，才能得到真正的结论。

其实不单是生物课，任何一门学科的教学在运用网络教学时，需要老师和学生投入大量的时间去做网络课件，这在现实教育教学中是很难实现的，尤其是学生，在各种学科作业的压力下，课余时间能完成动植物的观察和探究已经算是不错了，再要完成自己的观察报告并做好课件就更难了，或许一两次还能应付，但能否长期坚持下去，还是未知数。所以我觉得教师先不要对这种称为未来教育的网络教学模式趋之若鹜，要用客观的心态去面对网络教学，要在恰当的时候运用它，也要学会在恰当的时候舍弃它，毕竟它不是万能的。

# 初中生物高效课堂创新环境的构建策略

## ——以“开花和结果”一节为例

江门市第一中学景贤学校　谢文龙

建构主义认为，学习者是在特定的情境下，通过具体的学习材料、学习协作（包括教师、同伴）关系、有意义的建构的方式让学习真正地产生。学生作为学习的主角，认知的获得不会因为教师传授得多就接受得多。教师在进行教学设计时，创设鲜活特定的学习环境非常重要。

学习环境的建构需要具体的事例、活动等学习材料支撑起来。教学中可供教师利用的材料有很多，但是选择哪一些材料才能对建构恰当的学习环境起支撑作用，才能符合学生认知，才能适于课堂教学，这就需要教师具有选择能力与组织能力，就如高级厨师面对众多食材一样，需要精心选择，进行有机合理的组合，才能制造出美食。

### 一、对学习环境的理解

通俗来讲，学习环境是影响学习者学习的外部环境，是促进学习者主动建构知识意义和促进能力生成的外部条件。主要包括：1. 物理学习环境；2. 材料学习环境；3. 技术学习环境；4. 情感学习环境。

中外教育专家对此都有较为深入的研究，从建构主义的观点来看，学习环境最基本的理念是以学习者为中心，是影响学习者学习的外部环境，是促进学习者主动建构知识意义和促进能力生成的外部条件，是需要各种信息材料、认知工具、教师、学生等因素的支持。

生物学科是以实验为基础的学科，是自然学科中重要的组成部分，因此更加需要丰富的实证材料来进行研究和学习。笔者认为合适的生物学科学习环境的建构有利于学生学习能力的提升，也是培养学生生物学科的核心素养的重要途径。

## 二、初中生物教学中学习环境因素

在此笔者暂不讨论校园、教室、校风、班风等因素对学习的影响，因为这些是所有学科学习中都要面对的环境问题。而面对限定的初中生物学，学习材料的获取与教师对材料的选择与组织在很大程度上会影响到学生的学习。材料的选择与组织利用，相当于建造高楼的基础教材。材料的选定也涉及设计教学的具体策略，以学生为中心的学习环境，一般应包括：情景的引入、问题的设置、学习案例的分析、探究活动的开展、学习伙伴的参与和交流、师生间或生生间的评价等环节。

## 三、“开花和结果”一节的学习环境的建构

### 1.“开花和结果”一节的教材分析

“开花和结果”是人教版（2011 版）七年级上册第三单元第二章第三节的内容。本节内容主要包含三个部分：“花的结构”“传粉和受精”“果实和种子的形成”。本节内容对于七年级学生来说难度较大，其原因有：1. 花的结构名称较多，学生的认知有难度；2. 教材这三部分内容在编排的先后顺序上都有逻辑关系，前一部分是后一部分的基础；3. 从现象上看，从开花到结果是一个动态连续变化的过程，学生既要了解三部分各自的内容特点，也要有一个整体的认知能力。本节内容，课程标准要求学生能概述花的基本结构，了解传粉与受精的过程，阐明花与果实、种子的内在关系。笔者认为，达到以上目标，也是为了让学生能初步理解形成生物世界的事物间同样存在内在联系这一概念。在分析本节内容时，如果教师不能认识到教学目标的这一深层含义，设计的教学活动可能会各自独立，学生就不能从宏观的角度形成从开花到结果这一过程的构建，不利于学生对生殖概念模型的构建。

### 2. 学习材料选择的原则

学习材料的来源是很广的，那是不是意味着教师可以随意选择相关知识点的对应材料就可以进行教学了，答案当然是否定的。必须明确的是，对于不同的学生以及具有不同教学风格的教师来说，学习材料的选择不是

唯一的，也可以有自己的特色，就如同课是能异构的。但对于支撑材料的选择是有原则的。总体来说要选择那些教师易用、学生易懂的材料。笔者认为其原则有四点：①基于营造以学生为中心的环境建设；②遵循学生的认知规律和能力；③有利于概念的建构；④服务教学设计的相关教学活动。

**3.“开花和结果”一节的学习材料的选择**

教师在寻找与教学活动相关的支撑材料时，笔者认可以有下面几种渠道。1. 教材提供的问题、实验、图示、练习等；2. 在教学参考中的教学建议或别人（前人）的教学设计或教学实录中寻找；3. 通过网络寻找相关的内容事例、图片、视频等；4. 根据学生特点、所在地域特点制作材料。

人教版教材“开花和结果”一课提供的教学内容及教学材料，见表 1。

**表 1 “开花和结果”教学内容及教学材料**

| 教学步骤 | 教学内容及教材材料 | 教学可达到的目的 |
|---|---|---|
| 想一想<br>议一议 | 问题：花朵的美丽和芳香，对植物本身有什么意义？ | 引出问题，引入学习 |
| 观察与思考 | 桃花的解剖<br>桃花的基本结构 | 认识花的基本结构 |
| 传粉和受精 | 玉米花的传粉<br>鼠尾草的传粉 | 了解传粉的方式 |
| | 受精过程的示意图 | 理解受精的基本过程 |
| 果实和种子的形成 | 从开花到形成果实的过程 | 理解花的哪些结构发育成果实的什么结构 |
| 教材练习 | 练习题 1　填写花的结构示意图中的相关内容 | 检测学生对花的结构掌握情况 |
| | 练习题 3　黄瓜等植物中有些只开花不结果的原因 | 课堂延伸，花的多样性 |

教师要把教材的内容有机地融合到教学设计中去，使教材在教学的实际运用中，变得更科学、更严谨。当然在教学中，只刻板地使用教材，会使教学显得枯燥，不能激发学生的学习兴趣。因此，让学生到大自然中去学习，亲自考察在自然中获得的材料，学生的学习才能变得兴趣盎然。但是教材主要以桃花为例讲授花的结构，而七年级上册讲授该节时，正是十一月或十二月的冬季，要找到桃花（在华南区域）是不太容易的事。因

此根据本地（华南）情况寻找合适的材料是教师必须考虑的问题。

下面就是笔者在建构本节学习情境时，通过考查本地情况，对一些材料进行的选择与组织。

冬季华南地区常见的开花较多的被子植物有羊蹄甲、大红花、黄槐等。笔者在准备本节课时，利用了当地常见物种黄槐。从开花到结果均组织学生参与收集相关的标本，同时拍成了图片资料用作授课资料，收到了良好的学习效果。具体操作如图 1。

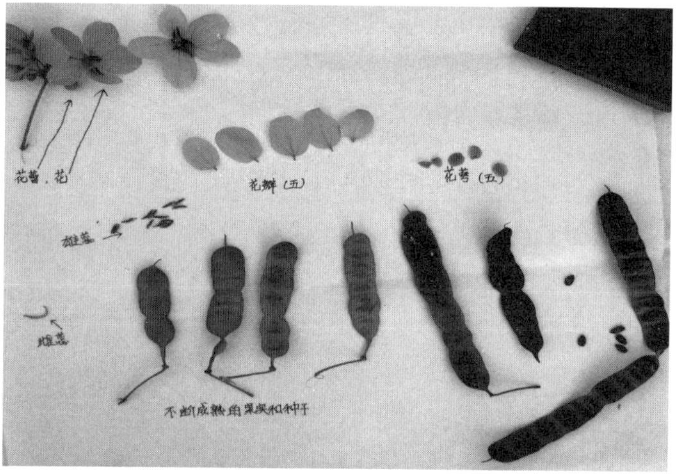


图 1

又如，利用羊蹄甲的花和果作为本节的教学材料，也是不错的选择。如图 2。

图 2

通过对学习内容的分析，笔者把教材已有的材料、网上收集的相关图片、视频材料以及根据本地情况自己创制的具有地方特色的生物材料进行了有机的组合，构成了本节学习的环境基础。

**4.“开花和结果”一节学习材料的选择**

根据以上论述，开花和结果一节，笔者在设计本教学时，选择了以下支撑材料：

（1）收集的黄槐花、荚果、果实中的种子。选取黄槐花作为观察和解剖花的材料。讲授本节内容时，正值江门当地黄槐盛开，材料易找，学生常见。另一方面，黄槐花完全具有花的基本结构，同一棵黄槐树还能找到花蕾、正在开的花，已授精开始发育的子房、形成的豆荚（黄槐树的果实）。

（2）课前带领部分学生实地考察校园内有黄槐的地方，认真观察，布置观察任务。还可以拍一段小视频，作为主线索贯穿本课。

（3）通过网络，寻找花的受精过程的动画。

（4）制作受精过程的演示教具，加深学生对这一过程的理解。如图 3。

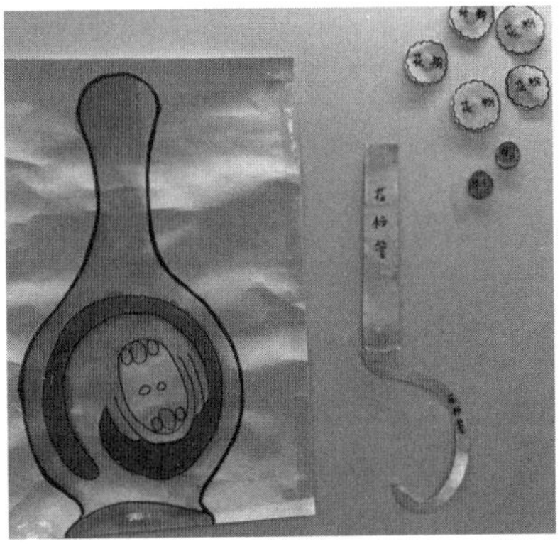


图 3

（5）利用好教材中的图示，设置一些思考性问题和相应练习等。

## 四、对开花和结果一节学习材料的组织

为营造以学生为中心的课堂学习环境，拟按照以下模式设计教学：情景的引入→发现并提出问题→探究活动的开展→学生协同学习与交流→教学反馈与总结。

1.情景的引入阶段，笔者重视学生的参与，将自身的感受作为切入点。利用好课前带领部分学生有目的地实地考察观察黄槐花经历，把拍成的微视频作为课题引入和贯穿整节课的主线。

2. 问题的发现提出。一是利用课前的实地观察，从学生口中提炼出相关的重难点问题，围绕问题展开后面的探究活动。这些问题主要包括：①花朵中心的具体结构怎样？其学名叫什么？②是不是所有的黄槐花最后都可以结果呢？③果实与花有何具体联系，花的什么结构最终发育成果实？④综合前面教材学过的知识，花、果实、种子和被子植物的幼苗、成熟植株如何构成被子植物的一生？（此题可由教师提出，引起更高层次的思考和学习）。二是通过课堂中学生解剖花，标示出花的各个结构名称的活动。对应教材中的插图，看学生能否理解，灵活运用。既联系了具体实例，又不会忽略教材内容，能让学生活学活用，做到真正理解、掌握。

3. 学生的探究活动和协同学习。①解剖黄槐花；②分离并标示出解剖出来的各部分的结构的名称；③结合教材中的插图和标示实物，进行比较学习；④利用受精过程的活动挂图，让学生在观看完传粉、受精的动画后进行演示；⑤对学生课外收集的不同发育程度的花蕾、花、荚果标本进行展示和分析。这些活动中，始终是以学习小组的形式展开，有利于协同学习的进行。

4. 教学反馈与总结。教学反馈不单指通过试题的形式了解学生对知识点的掌握程度，其形式有很多。本课的教学中，笔者在以下几个环节做了教学反馈活动。

（1）在以小组为单位解剖花和展示花的各个部分后，进行小组互评与师生的点评。

（2）通过学导案和教材内容的知识介绍，学生独自学习或课前预习了解传粉的类型。课堂上教师通过检查学导案的完成情况，或让某些同学来介绍花的传粉类型，来了解学生的掌握情况。

（3）介绍完花的受精过程后，利用动画加深理解。利用教师自制的花的受精过程的教具让学生来演示。学生的演示和其他学生的点评，既活跃了课堂，又能在活动中反馈学生的理解情况。

（4）通过教材中练习题 2，填写花的结构示意图的相关内容的表格，即时检查反馈学生对知识的归纳能力。

反思本课的教学，从寻找学习材料，到合理组织材料，再到实现本课教学和有效即时反馈教学情况，都有一个重要教学思想贯穿其中，就是必须具有“以学生为中心构建课堂环境”的思想。课堂环境的建构，是学生学习的立足点和教学的基础。课标倡导我们进行探究式教学，以重要概念为教学抓手，这里面也必须用鲜活实在的材料作为支撑。如果说支撑材料是教学活动中的骨架的话，那么，有机的组合和教师的引导及学生在课堂的表现则可以认为是教学中的血和肉。因此，我们在进行教学设计时一定要重视教学支撑材料的寻找、选择和组织。

**【参考文献】**

[1] 盛群力 . 教学设计 [M] . 北京：高等教育出版社，2005.

[2] 余文森 . 核心素养导向的课堂教学 [M] . 上海：上海教育出版社，2017.

# 在初中生物学课堂挖掘德育元素

惠州市龙门县龙城第一中学　黄伟胜

【摘　要】本文论述了初中生物学课堂可以挖掘的6个德育元素：激发爱国之情、唤醒感恩之心、懂得学根之苦、增强法制意识、感悟生存之道、履行环保之责，及其现实意义。

【关键词】初中　生物学　德育元素

初中生物学（北师大版）富含的德育元素，是学校德育体系的重要组成成分，善而用之，效果是非常突出的。

## 一、激发爱国之情

爱国之情，非缥渺之物，应寄托于何处？

### 1. 以物激情

我国地大物博，拥有丰富的动植物资源：裸子植物有250多种，超过世界总量的1/4，被誉为“裸子植物的故乡”，银杉、水杉、秃杉等是世界上珍稀的树种；大熊猫、金丝猴、扭角羚、中华鲟等珍稀动物闻名世界；“三北”防护林被誉为“世界林业生态工程之最”……因此学生以物为傲。

### 2. 以事激情

1996年9月23日世界银行宣布：全球每天有8亿人在忍受饥饿；在发展中国家，有1/5的人无法获得足够的粮食；全世界每年有600万学龄前儿童因饥饿而夭折；目前全球约有30个国家陷入粮食危机。

我国自1949年新中国成立，通过自力更生，大力发展粮食生产，用占世界7%的耕地，养活了占世界22%的人口，创造了世界奇迹。铁的事实，骄人的事实，祖国让我们过上丰衣足食的幸福生活，学生会不爱她吗？

### 3. 以史激情

我国生物学的发展史，星光闪烁，如我国的范蠡在2000多年前写就了世界第一部养鱼专著《养鱼经》；1688 年我国首先发现人痘接种法；1965 年 9 月 17 日，我国首次用人工方法合成了具有生物活力的蛋白质——结晶牛胰岛素等等。光辉的历史是民族的底蕴、是祖国的脊梁。

在学习到上述内容时，我适时点拨，学生的爱国之情油然而生。

## 二、唤醒感恩之心

感恩的含义很广，我在这里只谈感恩父母。

很多的中学生把父母的付出当作是理所当然的事，甚至有些学生对父母的态度十分蛮横。孩子对父母应具有怎样的感恩之心？

### 1. 感生育之恩

父母为了健康地把我们带到这个世界，从受孕之日起，一切行动都变得小心翼翼。胚胎在子宫内的发育时间约为 280 天，其间母亲要承担自身和胎儿的双倍营养供给及废物排泄，分娩时要忍受生产的巨痛，如果剖宫生产，腹部将留下一道永不消失的疤痕。在旧社会，人们把母亲的生产过程称作过鬼门关。

有个学校，让学生驮着一个五六斤重的沙袋上学一天，体验妈妈的怀孕之苦，一天就如此难熬，更何况 280 天。学生顿时就感悟到父母给予生命的恩情，比天高、比海深。

### 2. 感养育之恩

新生命的成长，要经历无数的磨难，注定要消耗父母毕生的心血，甚至生命。在“动物繁殖行为”一课，我向学生讲述了这样一个故事：一个猎人追踪一匹被击中的母狼，到了窝边，猎人发现母狼已经死了，一群幼崽静静地偎依在它身边，幸福地吮着奶水，猎人流着眼泪，扔掉了猎枪，从此不再打猎。伟大的母爱，深深地震撼着每位学生的心灵。

## 三、懂得学根之苦

当前，中学生吃苦耐劳的精神日渐趋微，部分学生想取得好的成绩，却不愿意付出艰辛的劳动。俗话说“学根之苦，学果之甜”，求学之路，必然是艰苦的，不管是古是今，教材上有大量鲜活的例子：达尔文，1831 年初通过了毕业考试，随后他登上了“贝格尔号”测量船做环球考察，其间历经无数的磨难，都没有使他退缩，经 5 年艰苦的环球航行，数十年通霄达旦地写作，他终于完成了宏篇巨著《物种起源》。

又如，遗传学的奠基人孟德尔，他在修道院教书的时候，在植物园中进行了长达8年的杂交试验，寒暑不辍，统计了上万个数据，终于在1865年发现了基因的分离规律和自由组合规律，这被誉为19世纪重大的科学成就。

此类例子数不胜数，都在阐释“一份耕耘，一份收获”的道理，对培养学生正确的劳动观很有帮助。

## 四、增强法制意识

初中生物课堂，也是法制课堂。教材提及的法律、法规有二十多部，如《中华人民共和国献血法》《中华人民共和国野生动物保护法》《中华人民共和国婚姻法》等等。通过对这些法律、法规的详细讲解，学生明白，其实这些法律、法规与他们的生活息息相关，例如青蛙属国家保护动物，任何捕杀、食用、贩卖野生青蛙的行为均属违法，有些学生可能不经意就触犯了国家法律。

又如《中华人民共和国婚姻法》规定，禁止“直系血亲和三代以内的旁系血亲”或“患有医学上认为不应当结婚的疾病”的男女结婚。老师可引导学生以遗传学知识为基础，以法律为依据，尝试和亲朋好友进行遗传商谈。

中学生法制意识较为淡薄，利用生物课堂的特殊优势，加强法制教育，让遵纪守法成为中学生的自觉行为，重担在肩。

## 五、感悟生存之道

### 1. 团结才有力量

太平洋海域生活着大量梭鱼，当梭鱼群遭受外敌入侵袭击时，鱼群中所有的鱼都会齐心协力地用自己的身体反射光线，闪闪的鳞光令侵略者陷入迷阵，鱼群伺机逃跑。梭鱼群还可以排列成壮观的队形，组成庞大的“躯体”迷惑敌人。

单条梭鱼的力量非常微弱，是无法生存的，但它们依靠团结的力量却成了自然界的强者。此类例子数之不尽。可见，团结是多么重要啊！

### 2. 求变才有进步

生物不是一成不变的，而是不断地在进化。生物通过产生新型个体，以适应不断变化的环境，免遭环境的淘汰，这就是所谓的“适者生存，不适者被淘汰”。

很多中学生面对多变的社会环境感到无所适从和恐惧，心理上承受巨大的压力，甚至产生轻生的念头。老师可以从生物的生存之道启发学生：要鼓起勇气直面社会环境的变化，通过不断地创新和完善自己，完全可以摆脱“被淘汰”的命运。

3. 有序更有效率

蜂群中，蜂后、雄蜂司繁衍，工蜂司劳作，芳香之蜜源源不断；蚁群中，蚁后、雄蚁司繁衍，工蚁司劳作，兵蚁司保卫，种族长盛不衰……。

群体生活的动物，内部有明确的分工，各司其职，井然有序，在生存竞争中展示出更加明显的优势。人类社会亦是如此，每个人社会分工有所不同，但没有贵贱之分，只要认认真真地做好自己的本职工作，就是对社会最大的贡献。

## 六、履行环保之责

环境保护是地球公民的共同职责。环保品德是当今中学生的一项重要思想品德。

1. 珍惜生存资源

水、粮食、土地、森林等是人类重要的生存资源，我们要倍加珍惜，例如，水资源已成为一个世界性问题，缺水现象已影响到 80 个国家，我国是缺水较严重的国家，人均淡水占有量只有世界平均水量的 1/4，经不起任何的浪费，一个滴水的水龙头，一年就会浪费 7 吨水。节约用水，随手做起。

2. 倡导低碳生活

低碳生活就是在生活中尽量减少二氧化碳等温室气体的排放量，减缓环境的恶化程度。课堂上老师应多方面、多角度、耐心地倡导学生从节电、节气、省纸等点滴小事做起。低碳生活是一种生活态度，更是一种优良品德。

3. 自觉保护物种

生物圈中各种生物的地位是平等的，对维持生态平衡都有不可替代的作用。例如鸟类，它是人类的好朋友，世界上 95% 的鸟类以昆虫为食物，是害虫和鼠类的天敌；青蛙是捕虫能手，一只青蛙每天吃掉的害虫就达 70 多条……通过上述事例的学习，教育学生在日常生活中不打鸟、不掏鸟窝、不捕食青蛙，为保护生物多样性做出自己的贡献。

优良品德的形成，要经历“知”“情”“意”“行”的过程，课堂上的“知”与“情”仅仅是个开端，意志的磨练、行动的实施，必将是一个漫长、反复的过程。

# 初中生物高效课堂的构建与实施

## ——以“传染病及其预防”为例

佛山市南海区西樵镇西樵中学　刘杰群

【摘　要】本文以“传染病及其预防”为例，结合新课标的要求，介绍了初中生物高效课堂的构建与实施的一些做法，提出可以通过分析教学背景和学生学情、明确课时学习目标、精选资源并整合运用、摆正教师在课堂教学中的位置四个方面来实现教师教学的高效；通过精选终身学习必备的基础知识和技能，在课堂上螺旋递进地培养和训练来实现学生学习的高效；通过教师和学生的协作促进课堂教学的有效实施来实现教师和学生的共同发展，即达成课堂的高效。

【关键词】生物学　高效课堂　教学

随着《义务教育生物学课程标准（2011年版）》的颁布和实施，初中生物学课程改革进入了一个新的阶段。初中生物课程的精要是展示生物科学的基本内容，反映自然科学的本质。它需要学生主动参与学习过程，在亲历提出问题、获取信息、寻找证据、检验假设、发现规律等过程中学习生物学知识，养成理性思维习惯，形成积极的科学态度，发展终身学习的能力。高效课堂的有效构建和实施能为实现学生的发展奠定基础，也能使教师的教学技能得到更好的发展，达到师生双赢。在学校接受南海区高效课堂教学检查时本人所上的“传染病及其预防”一课被评为A，得到区听课领导的认可，在课后对学生的随堂问卷调查中94.46%的学生认为自己学有所得，对教师的教学满意度达到96.52%。本文就以“传染病及其预防”为例，谈谈初中生物高效课堂的构建与实施过程中的一些做法，供同行教师探讨。

### 一、高效课堂的内涵

高效课堂的高效是相对低效而言的，高效是指变内容少、速度慢、效果差、时间费为内容多、速度快、效果好、时间省，它包括教师的高效和学生的高效，能实现学生和教师的发展。这样的课堂就是高效课堂。

“传染病及其预防”一课的教学内容涉及传染病的概念、病因、常见类型、流行的基本环节和预防措施，内容多，与学生生活联系紧密，本人在45分钟内采取限时分段学习和检测的方式完成了既定的教学目标并检测了学生的学习情况，学生学有所得并能学以致用，教师的教学和学生的学习都比较高效，达到了高效课堂的基本要求。

## 二、“传染病及其预防”的基本教学过程和设计意图

表1 “传染病及其预防”的基本教学过程和设计意图

| 基本环节 | 教师活动 | 学生活动 | 设计意图 |
|---|---|---|---|
| 课堂导入（3分钟） | 1. 述说近期部分班级高发的流感现象<br>2. 介绍流感是一种传染病，引出课题 | 思考为什么这些同学会同时患流感 | 通过学生的身边事引发学习兴趣 |
| 目标认定（1分钟） | 展示本节学习目标 | 认定目标，明确本节课的学习重难点 | 让学生明确本节的学习任务 |
| 自主学习（8分钟） | 巡视、指导学生的自学活动 | 自学书72–76页；完成学案 | 训练学生的自主学习能力 |
| 精讲传染病（6分钟） | 1. 提问：传染病的病因、传播对象及特点<br>2. 介绍传染病的概念<br>3. 引导学生完成书中表格，检验学生对传染病的认识情况<br>4. 引导学生分析常见传染病的病因，介绍何为病原体<br>5. 出示两道习题，检查学生对本环节的掌握情况 | 1. 自学情况反馈，回答老师的提问<br>2. 认识传染病的内涵。<br>3. 完成书中P72表格<br>4. 逐一分析屏幕所示传染病的病因，理解病原体的定义<br>5. 完成练习，加深认识 | 1. 检查学生自学情况，为后续教学提供参考<br>2. 通过填表反馈学生对传染病的掌握情况<br>3. 讲练结合，及时巩固 |
| 资料分析（5分钟） | 1. 指导如何阅读、分析资料<br>2. 引导开展合作和交流活动<br>3. 逐题提问，补充不足<br>4. 引导说出传染病流行的三个基本环节<br>5. 提出新问题：传染病流行的条件和预防方式（过渡到下一环节） | 1. 阅读、分析书73–74资料<br>2. 小组内合作和交流，解答问题<br>3. 解答问题并记笔记<br>4. 说出传染病流行的三个基本环节<br>5. 思考并尝试回答问题 | 1. 给予引导，提高学生分析资料的效率<br>2. 及时反馈<br>3. 训练学生的合作探究和归纳能力 |

续表

| 基本环节 | 教师活动 | 学生活动 | 设计意图 |
| --- | --- | --- | --- |
| 精讲<br>传染病流行的三个基本环节（6分钟） | 一、传染源<br>1. 图文介绍传染源<br>2. 帮助学生区分传染源和病原体<br>3. 提问：应如何控制传染源<br>二、传播途径<br>1. 图文介绍常见的四种传播途径<br>2. 补充生物媒介和病原体及传染源的区别<br>3. 引导思考：针对不同的传播途径应分别采取什么措施<br>4. 补充不足<br>三、预防措施<br>1. 图文介绍易感人群的范畴<br>2. 引导思考：应如何保护易感人群<br>3. 补充不足<br>4. 出示一道综合题，检查学生本环节的学习掌握情况 | 1. 听讲，并学会区分传染源和病原体<br>2. 尝试说出对于病人应采取隔离治疗，对患病动物进行捕杀掩埋或焚烧的方式<br>3. 听讲，了解四种常见途径，理解生物媒介传播<br>4. 做简要笔记<br>5. 尝试说出具体的措施<br>6. 听讲，理解易感人群<br>7. 尝试说出具体可行的保护措施<br>8. 完成练习，加深认识 | 1. 给学生直观的感受，加深印象<br>2. 问题的引导帮助教师了解学生已具备的知识情况，便于精讲和补充<br>3. 讲练结合，巩固所学，便于学生查漏补缺 |
| 精讲<br>预防措施（6分钟） | 1. 引导学生为流感高发的班级出谋划策<br>2. 组织“开火车”小活动<br>3. 引导归纳预防传染病的三个方面<br>4. 介绍综合措施和重点措施相结合能有效预防传染病<br>5. 指导学生带着问题“如何预防H7N9？”观看预防H7N9视频短片<br>6. 指导小组活动，解决学案中的疑难问题<br>7. 出示一组预防措施的图片，检查学生掌握情况 | 1. 小组内合作和交流<br>2. 说出可行的预防措施<br>3. 说出预防传染病的三个方面<br>4. 听讲，理解<br>5. 观看视频、学习如何预防H7N9<br>6. 组内合作和交流，完善学案中表格内容<br>7. 读图并说出是哪个方面的措施 | 1. 与导入呼应，训练学生的学以致用能力<br>2. 训练合作和交流能力<br>3. 提供H7N9视频，帮助学生梳理所学，加深认识<br>4. 反馈所学 |

续表

| 基本环节 | 教师活动 | 学生活动 | 设计意图 |
| --- | --- | --- | --- |
| 课堂小结（3分钟） | 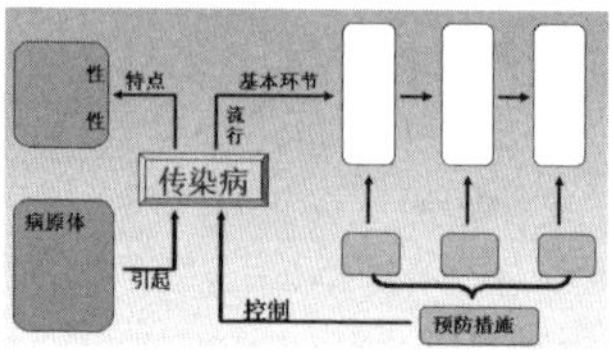<br>提供上图框架引导学生进行学习小结，以抽查方式检验 | 结合图中框架独立进行学习小结 | 1. 帮助学生建构系统知识<br>2. 训练学生的学习小结能力 |
| 达标测评（7分钟） | 1. 组织、巡视学习检测<br>2. 指导同桌交叉批改，师生共同点评检测题 | 1. 在5分钟内独立完成【学习检测】内容<br>2. 批改检测题，纠正错题 | 训练学生的自我检测和检查能力 |

## 三、高效课堂的构建和实施

高效课堂的构建和实施离不开教师和学生，教师的高效是实现高效课堂的前提和基础，学生的高效是高教课堂的核心，最为关键的是在实现高效课堂的过程中教师和学生都能得到发展。

### 1. 高效课堂的前提和基础是实现教师的高效

构建高效课堂的前提和基础是教师要正确认识自己在教学中的作用，即为课堂的高效做好充分的教学准备工作，并扮演好组织者、导演等角色，实现教师的高效。因此，教师需要注意以下四个方面。

（1）认真分析教学背景和学生学情

教学准备工作最重要的一项就是备课，而备课之前教师必须先对教学背景和学生的学情进行分析，这能为教师选择适合的教学策略和设置教学活动提供依据。

在对“传染病及其预防”的教学背景分析时，本人发现学生知道一些传染病的知识，可能会形成传染病的前概念。因此设置了让学生自主学习、教师精讲梳理以及学生的合作探究等活动，来帮助学生构建起传染病的科学概念，让其学会选择卫生、安全的生活方式。

分析学情时，本人了解到本校近期有部分班级患流行性感冒的同学比较多，还有一些常见的传染病经常出现在学生日常生活中，学生对于如何预防此类传染病有了一些认识但不全面，对传染病为什么会传染、应怎样预防等相关问题具备较高的学习积极性，而学生独立分析案例并解决问题的能力则相对较弱，所以设置了案例分析、出谋划策和合作探究等活动来帮助学生掌握本节的知识，同时可以训练学生的分析和解决问题的能力、交流与合作的能力和实践能力。

（2）明确课时学习目标

课时学习目标是指在一节课的学习后学生应该表现出来的可见行为的具体且明确的表述。课时目标不明确或者有所偏差会导致教学活动实效低，会影响教学方法的选择，使课堂上师生角色错位，影响提问的效率，甚至导致不能完成课时教学任务。因此，必须明确每节课的课时学习目标，为构建高效课堂打好基础。备课时教师要结合对教材和学生学情的分析来确立课时学习目标，进而帮助确立具体的教学方式。

“传染病及其预防”的课时学习目标有三个：①通过学习，说出传染病的病因和常见类型；②通过分析资料，说出传染病流行的基本环节；③联系生活实际，说出传染病的预防措施。随着课时学习目标的确立，也进一步明确了本节课应选用自主学习、案例分析、出谋划策和合作探究等策略来组织和开展教学活动，为实现课堂教学的高效奠定了基础。

（3）精选资源并整合运用

“传染病及其预防”一课可用的教学资源有很多，选择何种资源、如何运用是关键。

首先，本人综合教辅资料里的练习精心编印了本课的学案供学生开展自主学习活动时使用。学案内容由“目标认定”“自主学习”和“学习检测”三个部分组成，在“自主学习”内容中又分设了“认识传染病”“学习传染病流行的基本环节”和“传染病的预防措施”三个小环节供学生运用。在课堂上自主学习环节的8分钟里，每个学生可以结合学案的提示认真自学课本内容，能解决学案中的大部分问题，认识基本知识和概念。对个别综合运用的问题学生自学后不能正确解答的，教师在授课过程中再引导学生小组合作或探究，共同解答，能有效解决基础知识的学习和掌握问题。

其次，传染病的常见病例如流感、H7N9等是学生近期常听说的，但对于如何预防、增进自我健康等方面学生则一知半解。在课堂上要想短时间内让学生全面地认识它们，视频是最好的媒体资源。但视频媒体的播放不宜过多过长，因此，本人精选了时间短、内容全、视觉冲击效果佳的《预防 H7N9》动画短片，让学生能在轻松愉快的氛围中学习、梳理知识，并能举一反三，会用相似的方式预防甲流等其他传染病，教学效果极佳。

此外，关于传染病的病原体、传染源、传播途径和易感人群等概念的学习，在文字上也较为抽象，因此，本人精选了切合内容的图片给予学生直观认识，配以简单的文字介绍，以利于学生理解、做笔记和掌握，取得较好的教学效果。

最后，精选的多种资源都需要整合为一个整体才便于教师运用、促进教学，因此，本人借助 PPT 把本节教学内容所用到的媒体资源和各个教学环节精心整合为一个辅助课件，有效地节省了转换媒体等所需的时间，提高了教学效率。

（4）摆正教师在课堂教学中的位置

所谓教学，既包括教师的教，又包括学生的学，教学相长是高效课堂应该具备的特质。因此，教师必须摆正自己在课堂教学中的位置，何时是策划人、何时是导演、何时是监制等都必须明确，这才能实现教师的主导作用，并确保学生的主体地位。

作为“传染病及其预防”一课的策划人、组织者，本人切实做到把握好这节课的学习目标，拟定好自学内容，理顺教学中的各个环节，并设计好问题解决的策略和随堂检测题等，使得本节课的教与学能顺着预设的方向发展。

同时，本人也是这节课的导演，负责将课堂这个舞台回归学生。如在授课前，指导学生先明确课时学习目标再开展自主学习活动；发现学生遇到问题时引导他们开展小组合作或探究，必要时才给予学习指引和解疑；学习小结时提供框架让学生先自我回顾、小结，再抽查检验；学习检测后指挥学生进行同桌互评，共同点评等，让学生充分发挥其主体作用。

此外，本节课中本人还做了监制工作，负责监控学生的自主学习和自我检测的情况，确保其自学和自测的质量。

**2. 高效课堂的核心是学生的学习高效**

评价一堂课的高效与否，主要看学生的学习是否达到高效。教师的教学高效促使学生的学习高效，才能认定课堂高效，因此，学生的高效是高效课堂的核心。

在学习《传染病及其预防》之前，本人所任教班级的学生已经学完三个学期的生物学课程，能熟练地运用生物学案辅助自学生物教材，也多次在生物课堂上进行资料分析、小组合作探究和交流、学习小结等学习活动，具备了较强的学习能力。因此，本节课教师预设的各个教学环节都能在既定的时间内顺利进行，教师的教与学生的学交错进行，螺旋式前进，最终完成整节课的教与学，还检测了学生的当堂学习情况，使得学生的各项学习能力得到进一步的培养和发展。

特别需要注意的是，学生的高效不是一蹴而就的，它需要学生熟悉教师的教学方式，并且要经过一段时间坚持不懈的训练，让学生具备基本的学习技能，在此基础上继续螺旋式地培养与训练，最终才能实现学生在课堂上的高效表现。

**3. 构建高效课堂离不开有效地实施教与学**

一堂课具备了好的前提和基础，能否实现高效还在于教学能否有效地实施。从《传染病及其预防》的基本教学过程和设计意图可以看出，教师精心设计的每一个教学环节都是从学生的学习需要出发，关注学生的学习兴趣和经验，精选终身学习必备的基础知识和技能，结合学生的日常生活经验和已有的知识经验来设置问题和探究活动，让学生能在自学的基础上获得更多更全面的知识，各项学习技能继续得到训练和发展。教学设计能否有效实施不仅需要教师发挥好其主导作用，引领学生深入课堂、探寻知识的奥秘，适时给予学生指导和肯定，及时调整教学进程等，还需要学生突显其主体作用，通过自主学习、合作探究、交流互助等方式突破学习的重难点，获得知识，训练技能，让教与学相得益彰。

总的说来，初中生物高效课堂的构建必须着眼于学生全面发展和终身发展的需要，因此，在教学准备过程中，教师要精选终身学习必备的基础知识和技能，进行因材施教，课堂教学的目标、内容和评价要为提高每个学生的生物科学素养服务，以促进每个学生的充分发展。同时，生物科学是一个不断探究的过程，需要教师在课堂教学过程中坚持不懈地培养学生收集和处理科学信息的能力、获取新知识的能力、分析和解决问题的能力，以及交流与合作的能力等，突出实践能力的培养，以实现学生在课堂学习中的高效。在追求高效课堂的过程中，本人发现教师和学生都得到了应有的发展，而这正是构建和实施高效课堂的最终目的。

**【参考文献】**

[1] 中华人民共和国教育部. 义务教育生物学课程标准（2011 年版）[S]. 北京：北京师范大学出版社，2012：2-3.

[2] 刘金玉. 高效课堂八讲 [M]. 上海：华东师范大学出版社，2010：36-37，38-50.

（此文获佛山市论文评比二等奖）

# 第二章

# 创新创客教学设计

# 仿生发明

掌握正确的发明方法和技巧，好比把握了发明的金钥匙，使凡人变成天才。发明方法很多，如组合发明法、联想发明法、变化发明法等，其中仿生发明法是人类一种古老而永恒的方法。如何教会学生掌握这种发明方法？下面我们一起探讨。

## 一、教学目标

1. 知识和技能目标

（1）陈述仿生发明法。

（2）尝试运用仿生发明法进行发明创造。

2. 情感与价值观目标

（1）通过发明创造活动，培养学生的创新意识。

（2）培养学生关注科技创新的情感。

## 二、教学过程

### （一）情境引入

**1. 情境设计**

学生观看视频《飞机的发明》。

设计意图：创设情境，激发创造欲望。

**2. 情境设计**

请学生思考下列问题，并连一连。

A. 世界上第一把锯子是谁发明的？

B. 世界上第一架飞机是谁制造的？

C. 世界上第一台电脑是谁发明的？

D. 中国历史上第一个飞机设计制造者是谁？

（答案：A. 鲁班；B. 莱特兄弟；C. 哈佛大学的艾坝教授；D. 冯如）

设计意图：从给人类发展带来影响的发明例子，激发创造欲望。

**（二）学习探究**

**1. 探究：仿生发明法的概念**

（1）学生思考下列问题

A. 飞机是模仿什么发明的?

B. 雷达运用的超声波回声定位，是模仿什么做成的?

（答案：A. 鸟类的飞行原理；B. 蝙蝠的超声波回声定位）

（2）学生思考并填空

仿效生物的结构、功能、机制制造出产品的方法，叫作 ______ 发明法。

（答案：仿生）

设计意图：从人类运用仿生发明法发明的例子，说明什么是仿生发明法。

**2. 探究：仿生发明的常用方法**

（1）仿生物结构

学生观看并对照黄蜂和纸蜂窝墙板，观察和思考它们之间有什么关系。

（答案：黄蜂能用不到半两的蜂蜡建起数十间整齐的蜂房。看来，蜜蜂采用了"轻型材料"建房。依照蜂窝的结构，人们制成一种纸蜂窝墙板）

（2）仿生物功能

学生观看蝙蝠和雷达的回声定位的结构和原理图，思考它们之间有什么关系。

（答案：蝙蝠靠耳朵的回声定位来准确判断周围物体的距离与方位，人们仿照蝙蝠的这种原理制成了能测定飞机距离与方位的雷达，都是利用回声定位）

（3）仿生物外形

学生观看并对照鸟和飞机的外形，潜水艇和鱼的外形，思考它们之间有什么关系和相同之处。

（答案：飞机模仿鸟的外形，潜水艇模仿鱼的外形。飞机和鸟、潜水艇和鱼有共同的外形）

设计意图：通过观察、对照和思考，理解仿生发明的三种常用方法，为模仿创造打下基础。

**3. 探究：运用仿生发明法发明的东西**

学生思考并回答下列问题。

（1）运用仿生发明法发明的东西，还有哪些？

（答案：例如仿照手臂发明了掘土机，仿照人体发明了智能机器人，仿照鹰眼发明了望远镜等）

（2）你是否可以说出一个关于仿生发明法的发明故事？

（答案：例如1948年秋，瑞士工程师梅斯特拉从森林中散步归来，发觉袜子上粘了很多刺果，他用放大镜观察，发现这东西有数以百计的小钩，能紧紧地钩住织物上的纤维丝。于是，他想到如果在一块布上织满无数这种小钩，另一块布上织满无数个小环，两块布不就能够紧紧地互相粘接在一起了吗？经过几年努力，他终于发明出被称为魔钩的尼龙搭扣）

（3）运用仿生发明法，你能说出未来可能有的产品吗？

设计意图：培养学生关注科技发展的情感；鼓励学生想象，培养想象力和创造力。

**4. 探究：科学猜想**

学生思考并回答下列问题。

（1）在古代，人们看到蛇能蜕皮，认为这是长寿的秘密，有人设想如果人要是能够蜕皮，就可长生不老，你认为可能吗？为什么？

（2）有同学想发明一件防臭屁内裤，你认为可能吗？为什么？

设计意图：引导学生关注科技杂谈，理解科技发明就在身边，从古就有；学会大胆猜想，科学分析。

**5. 探究：发明创新**

学生从下列四题中任选一题，努力完成。

（1）根据变色龙皮肤变色的特点，为战士设计变色服装。

（2）根据螃蟹横行的特点，设计一种可以向前直走，也可以左右横行的战车。

（3）机器人是根据人的某些结构和原理设计成的，现在请你当未来的机器人设计大师，设计一个未来的智能机器人，想它能干什么？如何实现功能？

（4）运用仿生发明法，说出未来可能有的产品。

设计意图：鼓励学生大胆挑战科学难题，敢于设计和创造。

**（三）拓展延伸**

1. 作品评价

学生先分小组讨论，然后小组长发言，再互相评价。

评价标准：观赏性（10分）、新颖性（20分）、创意性（30分）、实用性（40分）

设计意图：了解科技作品的评价标准；学会欣赏、交流与评价。

2. 学习总结

学生思考并回答：通过这节课的学习，你学到了什么？有什么体会？

设计意图：学会总结、表达。

**（四）课外实践**

请学生在以下两题中选做一题。

（1）上网运用百度、谷歌搜索、360搜索、搜狗搜索等搜索引擎收集相关仿生发明法的知识。

（2）运用仿生发明法发明任何一种有益的东西。

设计意图：学会学以致用，发明创新。

# “生命科学幻想”校本课程的开发

佛山市南海区九江镇初级中学　刘志伟

【摘　要】本文从课程目标、教学设计、课程实施、课程评价等方面阐述了“生命科学幻想”校本课程开发的一些做法和体会。

【关键词】校本课程　课程目标　教学设计　课程实施　课程评价

校本课程是指学校自行规划、设计、实施的课程。开发生物校本课程，是落实新课标，贯彻素质教育的要求，也是每个生物教师专业发展的需要。下面以“生命科学幻想”为例说明校本课程的开发。

## 一、课程目标

| 目标类别 | 学习要求 |
|---|---|
| 知识目标 | 1. 了解生命科学幻想的含义与要求 |
| | 2. 尝试生命科学幻想，并写成科幻文章 |
| 能力目标 | 训练学生的想象力和创新思维能力 |
| 情感目标 | 通过生命科学幻想的学习，培养学生关注生命科学未来的情感 |

## 二、课程设计

| 学习环节 | | 活动内容 | 设计意图 |
|---|---|---|---|
| 情境引入 | | 观看视频《恐龙复活》 | 创设情境，激发想象 |
| 学习探究 | 探究一：生命科学幻想的含义 | 1. 下面两个例子，今天实现了吗<br>A. 二百多年前，人们想象能像鸟一样地飞那该多好<br>B. 一百多年前，人们想象如果能看清人体内的器官，就能准确地知道健康状况，那该多好<br>2. 说出以前人们想有而现在就有的身边东西。如一百多年前人们想象水稻亩产千斤<br>3. 说出生命科学幻想的含义 | 1. 激发学生进行科学幻想的积极性<br>2. 学会归纳与小结 |

| | | | |
|---|---|---|---|
| 学习探究 | 探究二：生命科学幻想的要求 | 1. 大胆想象<br>远古或未来是怎样的，大至生物圈，小至某种生物体、器官或分子，都可大胆地加以想象，认识“科幻”可以进行合理化的虚构<br>2. 合理化想象<br>内容要蕴含一定的高科技知识，是为解决一定的现实问题而进行的合理化想象。如长生不老药是不可能实现的，但改变与寿命有关基因的药或对与寿命有关的基因进行改造，适当延长健康是可能的 | 1. 使学生学会根据现有条件进行大胆的科学猜想、想象<br>2. 鼓励学生敢于思考和表达<br>3. 明确想象要有科学基础 |
| | 探究三：生命科学幻想的表达 | 1. 叙事类科幻<br>以故事的形式把未来可能出现的事情进行构思。如想象一下 2050 年人们那时一天的饮食是怎样的<br>2. 发明构想类科幻<br>以说明的形式把未来可能出现的事物进行构思。如设想 2050 年我们的房子是五颜六色、香味扑鼻的花房，衣服是冬暖夏凉、能大能小、能飞能降的神衣 | 1. 鼓励学生敢于想象<br>2. 了解科幻类表达的形式和要求<br>3. 训练想象与表达 |
| | 探究四：生命科学幻想的写作 | 1. 确定一个基本思路<br>先确定一个思路，展开合理想象。如幻想 2050 年人们一天的饮食，可用各种材料进行合理组合，比如把营养均衡要求、各种食品、个人爱好、各餐衔接等资料输入到一块电脑芯片，由电脑根据个人爱好和营养均衡等因素进行综合分析，得出一个符合个人口味的配方或食品，就把想象和现代生物科技紧密地结合在一起了<br>2. 构思情节<br>情节是指事情的开端、发展和结局，是故事的生命线<br>开端可开门见山，点明题意，也可用几个新奇问题、现象来设置悬念，引人入胜<br>发展可让开头设置的疑团由简单到复杂慢慢解开，让想象展开翅膀，让人越看越爱看<br>结局可以通过一个有趣的动作、一个奇怪的声音，把笔锋自然地转到现实；也可以在结局时阐明一个道理，提出一个新的问题，让读者去思考，去品味，使他们有一种回味无穷的感受<br>3. 修定内容<br>在写完之后要对文章加以修正，使文章更具体，更生动，更通顺 | 了解生命科学幻想写作的内容、过程和要求 |

续表

| | | | |
|---|---|---|---|
| 学习探究 | 探究五：尝试科幻 | 自己对下列内容进行构思，然后在小组进行交流<br>2050 年佛山市人民医院的器官移植 | 学会大胆猜想和科学想象，培养想象力和表达力 |
| 总结评价 | | 1. 讨论交流后，各小组推荐一位发言人，再互相评价。评价参考标准为：想象的丰富性（40 分）、结构的新奇性（20 分）、内涵的创意性（20 分）、表达的完整性（20 分）<br>2. 通过这节课的学习，你学到了什么？最大的感想或体会是什么 | 1. 学会欣赏、交流与评价<br>2. 学会总结、表达 |
| 课外实践 | | 1. 上网：运用搜索引擎收集有关生命科学幻想的知识<br>2. 请你展开想象的翅膀，选择自认为有必要进行研究解决的现实或者未来问题为主题，写一篇生命科学幻想文章。字数不限 | 学会想象和合理虚构，写科幻文章 |

## 三、课程实施

### 1. 研究内容，编写教材

“生命科学幻想”教材呈现的形式应符合学生的心理特点和规律，应注意用生动形象的故事激发学生的兴趣和动机，注意从学生的日常生活中熟悉的事物出发，再回到科技在生活和社会的应用中去。

教材在开发与研究基础上先形成文本初稿，然后边实验、边修订、边总结，广泛征求意见，最后集体审订定稿。如果没有条件编写和出版校本教材，要在课程实施前做好课程设计。

### 2. 实施课程，充实调整

“生命科学幻想”一节校本课程，可以安排在初一或初二，可以作为必修课，也可以当作选修课。

课程评价从课程内容、教学过程、学习效果、学情调查四个方面进行。课程内容评价以“教育性、趣味性、启发性、实效性”为依据。学习效果的评价根据学生所交的作品或竞赛成绩为基准。

在实施过程中，要不断探索新方法、新内容、新举措。通过专题会议、沙龙、座谈，围绕课程开发中的重点和难点问题展开研讨，并有针对性地进行教学观摩，不断研究解决问题的方法与途径。

## 四、课程评价

### 1. 对教师的评价

（1）教师应按生物课程要求，有计划，有教案，有学生活动记录和成绩评价。

（2）教师应保存学生的作品及在活动、竞赛中取得的成绩资料。

（3）教务处通过课堂巡查、资料查阅等形式，每学期对教师实施生物校本课程进行评价，并作为评价生物老师教学成绩的一个内容。

对教师的具体评价内容和方法如下：

| 项　目 | 权衡分值 | 自我评价 | 科组评价 | 师生获奖说明 |
|---|---|---|---|---|
| 制订课程计划 | 10 | | | |
| 编写教材或教案 | 25 | | | |
| 课程的组织实施 | 25 | | | |
| 学生成绩与评价 | 20 | | | |
| 课程实施的总结 | 10 | | | |
| 课程实施的创新 | 10 | | | |
| 综合评定 | | | | |

### 2. 对学生的评价

（1）教师根据每个学生参加的学习态度、过程表现、个性发展和活动成果进行综合评定，作为生物平时表现成绩。

（2）学生成果通过实践操作、作品展览、竞赛、评比、汇报演出等形式展示。

对学生的具体评价内容和方法如下：

| 项　目 | 考勤 | 参与态度 | 作业情况 | 活动成果 | 获奖说明 |
|---|---|---|---|---|---|
| 自我评价 | | | | | |
| 小组评价 | | | | | |
| 综合评定 | | | | | |

# 创新教学设计

## ——以“血管”一课教学设计为例

佛山市南海区石门实验中学　刘天荣

## 一、教学目标

### 1. 生命观念

理解血管的生物学概念，形成结构与功能相适应的生命观念。

### 2. 理性思维

①通过类比法，认识动脉、静脉和毛细血管的区分标准和结构特点。

②构建动脉、静脉和毛细血管的思维情境，并理解三种血管之间的联系。

### 3. 科学探究

①探究小鱼尾鳍毛细血管内血液流动的速度和方向，并思考其原因。

②提高运用所学知识解释和解决生活中实际问题的能力。

### 4. 社会责任

通过学习不同出血情况的处理，学会急救的技能，培养学生关爱生命健康的意识。

## 二、教学重难点

### 1. 教学重点

动脉、静脉和毛细血管的结构与功能特点。

### 2. 教学难点

应对不同出血情况，学会止血方法。

## 三、教学策略

### 1. 教法与学法

教法：启发式教学法、多媒体辅助教学法、情境教学法、讲授法。

学法：归纳研究法、观察学习法、比较学习法。

**2. 教学设计思路**

本概念教学设计基本思路为：创设情境，导入概念→活动探究，构建概念→情境补充，丰富概念→比较分析，巩固概念→联系实际，运用概念。

①创设情境，导入概念：以寻找自身手上血管种类的活动，激发学生对新概念的求知欲。

②活动探究，构建概念：观察鱼尾血管血液流动的视频，初步了解血管。比较血管中血液流动情况，从现象发掘本质，构建动脉、静脉和毛细血管的概念。

③情境补充，丰富概念：扩展情境，补充动脉、静脉和毛细血管的特点。

④比较分析，巩固概念：结合情境和图片，比较各血管的结构和功能特点。

⑤联系实际，应用概念：针对不同血管出血的处理，解决生活实际问题，渗透健康教育。

## 四、教学过程

| 步骤 | 教师活动 | 学生活动 | 设计意图 |
|---|---|---|---|
| 创设情境，导入概念 | 提问：你手上的血管一样吗？你能寻找到几种血管？ | 触摸自己腕部搏动的血管和手中的“青筋”，尝试回答问题 | 以寻找自身手上动脉和静脉血管的活动和问题导入，激发学生对新概念的求知欲 |
| 活动探究，构建概念 | 我们看看显微镜下的血管到底是怎么样的？<br>播放视频：观察小鱼尾鳍内血液的流动<br>提问：（1）观察到了几种血管？哪种最小？<br>（2）这些血管里血液流动的速度一样吗？ | 观察视频，区分三种不同血管。思考并回答问题 | 通过视频，辅助学生感知各种血管的结构及其特点 |

续表

| 步骤 | 教师活动 | 学生活动 | 设计意图 |
| --- | --- | --- | --- |
| 活动探究，构建概念 | 创设红细胞“小红”角色，探究其在身体中工作路线。展示相关动画问题：红细胞“小红”的工作路线是，从心脏出发，主干道路后出现分支，到身体各分段道路只能单行通过，然后又从分支道路走到主干道路，最后返回心脏。小红“经过”的道路分别是什么？ | 认识“小红”角色，产生疑惑并思考和回答问题 | 设置情境，吸引学生注意；设疑导入激发求知欲 |
| | “小红”走出心脏的“道路”为动脉：把血液从心脏送到身体各部分的血管。（主干→分支）<br>“小红”单行通过的“道路”为毛细血管：连通于最小的动脉与静脉之间的血管<br>“小红”走回心脏的“道路”为静脉：将血液从身体各部分送回心脏的血管。（分支→主干） | 类比分析移动板图，得出结论，构建概念 | 从现象发掘本质，构建动脉、静脉和毛细血管的概念 |
| 情境补充，丰富概念 | 1. 扩展情境，补充动脉血管的特点。设置填空：“小红”刚开始从心脏出发进入动脉，干劲十足，速度较____（快或慢），越走道路越____（宽或窄） | 1. 结合情境问题，完成填空，提高对动脉的认识 | 1. 利用情境扩展，深化学生对概念的认识，提高学生对动脉血管功能特点的认识 |
| | 2. 扩展情境，补充毛细血管的功能特点<br>情境：中间“小红（毛细血管）”走入了极小的道路，红细胞单行通过。提问：<br>（1）为什么红细胞只能单行通过？<br>（2）毛细血管由什么组成？<br>（3）这样组成方式有什么意义？ | 2. 结合多种情境问题，通过梯度问题，提高对毛细血管的多角度认识 | 2. 利用情境扩展，深化学生对概念的认识，提高学生对毛细血管功能特点的多角度认识 |
| | 3. 扩展情境，补充动脉血管的功能特点<br>设置填空：最后“小红”从毛细血管处进入了静脉，疲惫不堪，速度较______（快或慢），越走道路越______（宽或窄），回到心脏 | 3. 结合情境问题，完成填空，提高对静脉的认识 | 3. 利用情境扩展，深化学生对概念的认识，提高学生对静脉血管功能特点的认识 |

续表

| 步骤 | 教师活动 | 学生活动 | 设计意图 |
| --- | --- | --- | --- |
| 比较分析，巩固概念 | 结合情境和图片，比较各血管的结构和功能，归纳总结。 | 回忆所学，通过比较分析，区别三种不同血管 | 比较分析，巩固知识，使知识之间有逻辑性，辅助学生联想记忆 |
| 联系实际，运用概念 | 针对不同血管出血进行处理，解决生活实际问题，渗透健康教育<br><br>图 1<br><br>图 2 | 运用所学知识，对不同血管出血进行正确的止血处理 | 运用所学概念知识解决生活实际问题，进行情感教育，培养学生关爱生命健康的生物学核心素养 |
| 联系实际，运用概念 | 提问：当遇到伤情如图 1 和图 2 的伤者时，要怎样处理？<br>1. 图 1、图 2 分别是伤及什么血管？<br>2. 分别该按压近心端还是远心端止血？（结合动脉和静脉血流的方向特点来认识）<br>讲述：图 1 处理方法：按压受伤动脉的近心端进行止血。图 2 处理方法：按压受伤静脉的远心端进行止血。<br>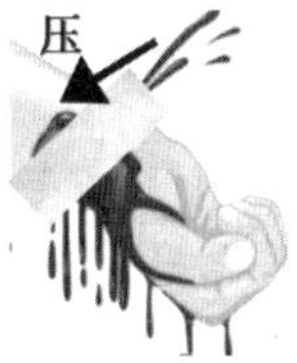<br><br>按压近心端处（动脉出血）<br>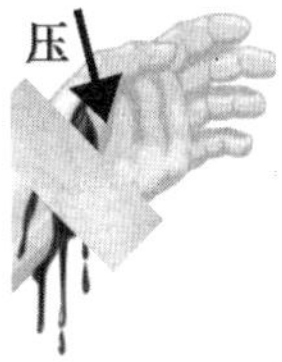<br><br>按压远心端处（静脉出血） | | |

## 五、教学反思

### 1. 主要优点

第一，教育思想先进。本节课注重培养学生的生物核心素养，体现了以学生发展为本的教育思想。本课没有按以往传统做法，由教师讲授概念的本质、外延，再由学生做相关练习。而是从概念的情境、现象出发，引导学生感知概念、构建概念、应用概念，这样十分有利于培养学生的逻辑思维能力、分析问题和解决问题能力。

第二，教学结构严密。本节课从创设情境，导入概念→活动探究，构建概念→情境补充，丰富概念→比较分析，巩固概念→联系实际，运用概念。一环紧扣一环，由浅入深。教学结构紧凑，内容有机联系。

第三，教学方法灵活。本节课运用了启发式教学法、情境教学法、信息技术辅助教育法、探究实验法，教学方法灵活多样，能根据教学内容选择合适的教学方法。

第四，教学效果好。本节课课堂气氛活跃，师生双边活动较多，有效培养了学生分析问题和解决问题的能力。学生满意度高，测试达标率高。

2. 不足之处

这节课也存在一些值得探究的问题。如对于上课中出现的生成性问题，没能很好地加以处理以形成新的教学资源。

## 六、教学创新

（1）教学思想创新。本课没有按以往教师讲、学生听和练的传统做法，而是体现以学生发展为本，注重培养学生核心素养。

（2）教学结构创新。本节课教学结构紧凑，内容有机联系，一环紧扣一环，由浅入深。

（3）教学方法创新。本节课除讲授法外，运用了启发式教学法、情境教学法等多种教学方法。

（4）教学运用创新。本节课注重理论联系实际，如通过对不同出血情况的介绍和处理，运用生物概念解决生活问题，形成生命健康观念。

# 利用光盘制作植物临时切片的制取装置

佛山市南海石门实验中学　刘均钰

【摘　要】针对普通徒手切片法存在的安全性低、操作难度高等不足，利用光盘等简单材料制作植物临时切片的制取装置，大大提高了实验的安全性，操作简单，切片效果良好，适合在中学生物学教学中推广。

【关键词】光盘　植物临时切片　装置　安全

"观察叶片的结构"是人教版生物学七年级上册第3单元第3章"绿色植物与生物圈中的水循环"里开展的一个实验，旨在让学生练习徒手切片，通过观察切片认识叶片的结构。但在教学实践中，由于普通徒手切片法的操作要求较高，对七年级学生而言存在安全隐患，而且切片效果欠佳，使其成为教学难点，实验开出率较低。笔者采用光盘等简单材料制成植物临时切片的制取装置（下文简称装置），取代普通徒手切片法，提高了实验的安全性和切片质量，教学效果良好。在使用中发现此装置还能应用于植物茎和叶柄的临时切片制作，具备安全、简便、切片质量好和易推广等特点。

## 一、装置的制作方法

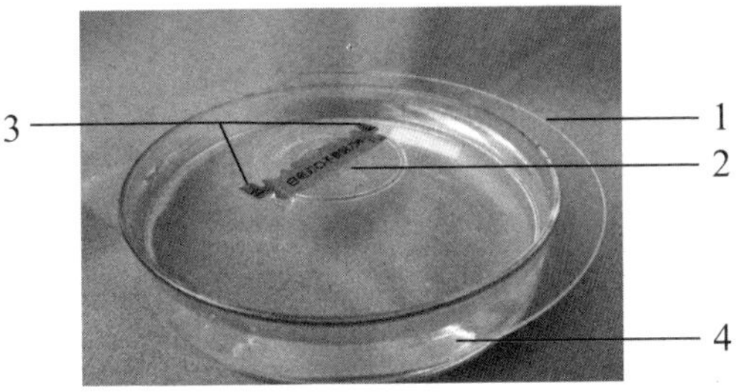


图1　植物临时切片的制取装置

1. 透明光盘
2. 置于光盘中央圆孔处的半块刀片，其刀刃距圆孔边缘一般小于 0.5cm
3. 用透明胶将刀片两端固定在光盘上
4. 置于光盘底部的盛水培养皿，其直径小于光盘直径

## 二、装置的使用方法

本装置适用于植物叶、茎和叶柄的临时切片制作。绿萝叶片厚薄适中、容易保存、不易失水变形，又是校内常见的绿化植物，还能在实验室水培，是理想的实验材料。下面就以绿萝为材料，说明本装置的使用方法和切片步骤。制作过程分为初步处理、切割、收集和制片等 3 个步骤。

### 1. 对植物材料作初步处理

该步骤主要是把植物材料处理成可在装置上直接切割的状态。

（1）对叶片的处理　如图 2–A，在叶尖处切一段中间包含叶脉的长方形小叶片（规格约为 2cm × 0.5cm）。由于叶片薄而柔软，需要用白萝卜包埋，取与小叶片相应大小的白萝卜条纵向剖开约 2 / 3，把小叶片包埋其中。（图 2–B）

（2）对茎和叶柄的处理　如图 2–C，在植物茎或叶柄上切取长约 2~3cm 的材料。由于本装置的刀刃硬度有限，又受光盘上圆孔限制，为确保安全和保护实验装置，制取茎横切片时应选择草本植物的茎或木本植物的嫩茎，且以茎段直径不超过 1.5cm 为宜。

### 2. 切割

左手大拇指和示指分别按压装置上的刀片两端，右手持处理好的植物材料沿水平方向划过刀刃（图 2–D），看到切片随即落入盛水的培养皿中，也有部分粘在刀片下方。如此来回切割数十次，制备足量切片以作挑选。注意切割过程中时刻关注材料切口是否平整，以及时调整切割力度和方向。

### 3. 收集和制片

用胶头滴管吸取清水，冲洗刀刃处（图 2–E），粘在刀片下方的切片随即落入水中（图 2–F 和图 2–G）。用镊子轻轻挑起薄而完整的切片置于载玻片上，制成临时切片。

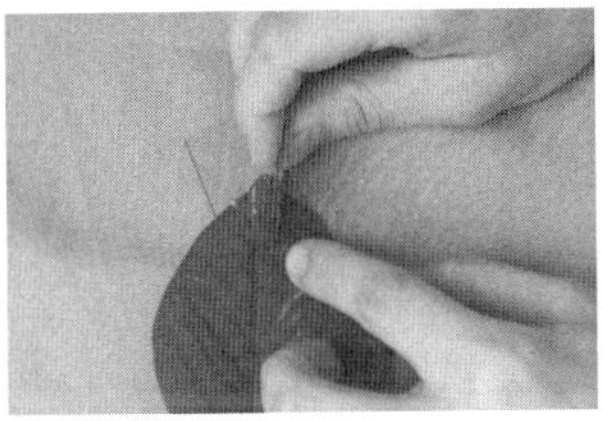

A. 切一段中间包含叶脉的长方形小叶片

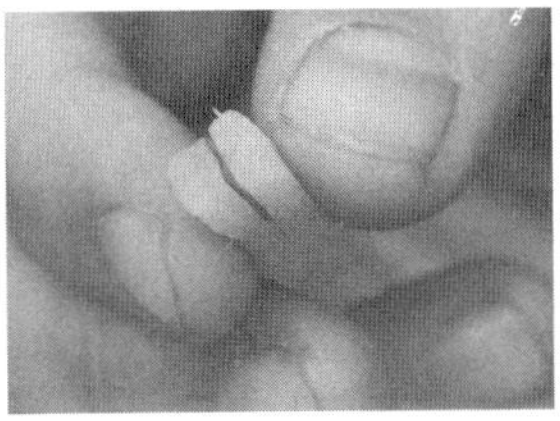

B. 用白萝卜包埋小叶片

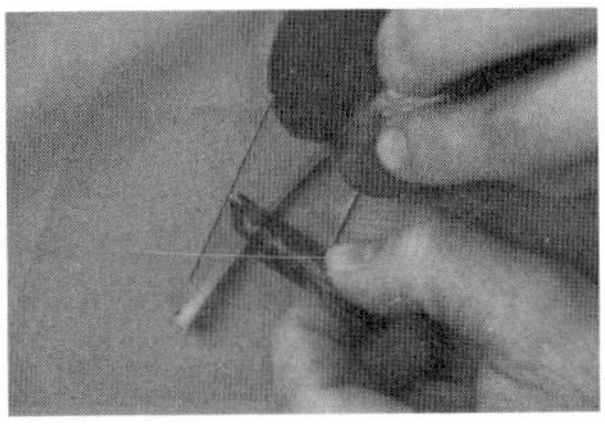

C. 切一段叶柄（长约 2 ~ 3cm）

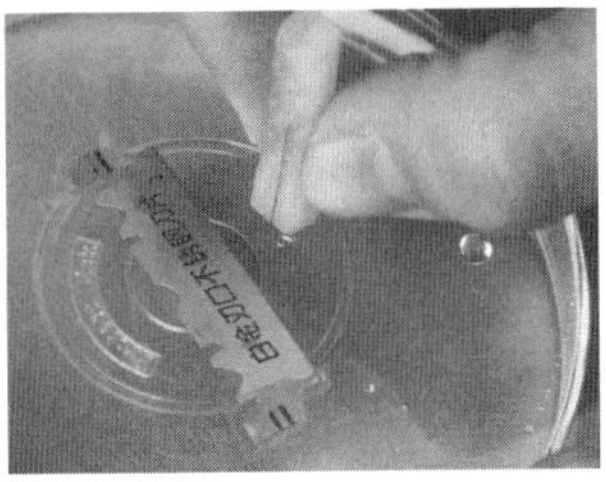

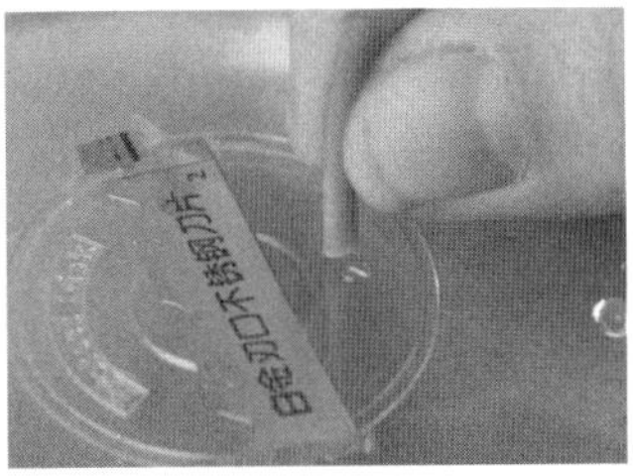


D. 左手按住光盘，右手持植物组织在刀刃处来回切割

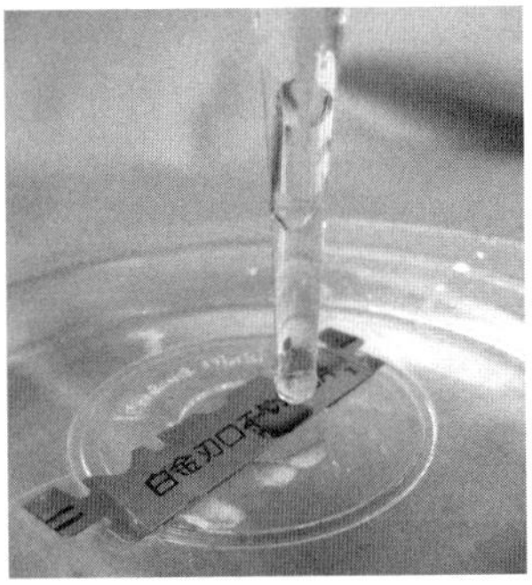

E. 用胶头滴管冲洗刀刃处

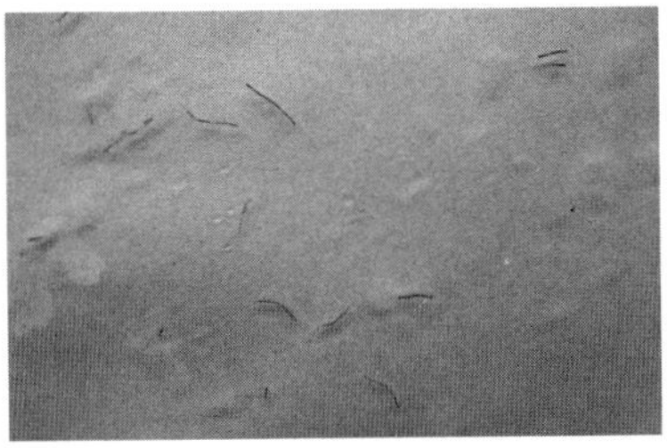

F. 叶切片落进盛水的培养皿中

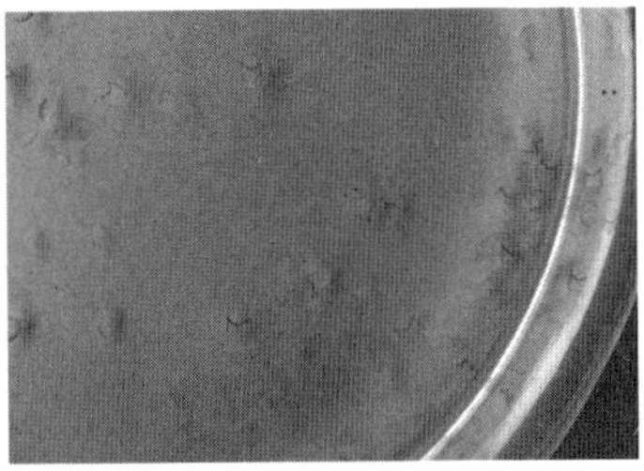

G. 叶柄（或茎）切片落进盛水的培养皿中

**图 2　植物临时切片制取装置的使用方法（以绿萝为例）**

## 三、装置的使用效果

在显微镜下观察发现，用本装置制得的植物切片厚度稳定在一层细胞状态，叶片的栅栏组织和海绵组织清晰呈现（见图 3–A）；观察叶柄横切片，能清晰观察到输导组织等各部分结构，效果理想（见图 3–B）。

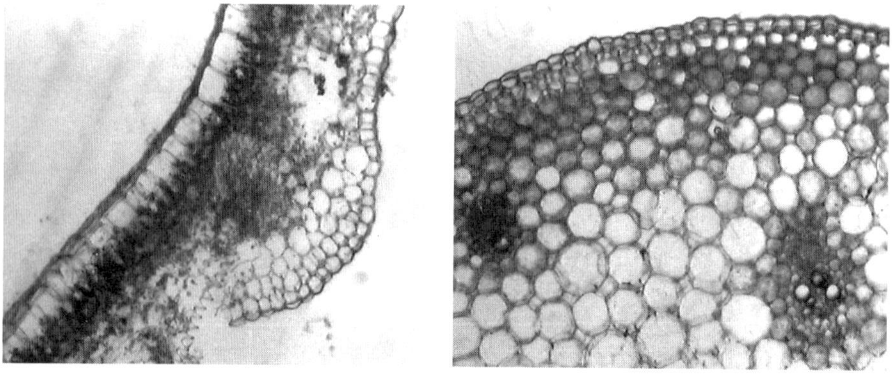

A 绿萝叶片横切（100×）　　B 绿萝叶柄横切（100×）

**图 3　利用装置制得的植物临时切片的显微照片**

与普通切片法相比，本装置具有装置制作简单、操作安全、切片速度快、制片效果好等优点。在使用过程中，利用光盘表面和刀刃形成的厚度差，能得到厚度较稳定的植物薄片；用胶头滴管冲洗刀刃，让切片及时落入培养皿的清水中，能保持细胞形态，提高制片效果。此外，经实践验证，操作过程中即使手指直接接触装置的刀刃处也不会受伤，从而大大提高了实验的安全性。

鉴于以上优点，本装置在初中生物教学活动中极易推广，适用于人教版生物学教科书七年级（上）第 42 页“植物细胞”、第 63 页“植物体的结构层次”及第 110 页“观察叶片的结构”等实验操作的教学。

（本文发表于《生物学通报》2014 年第 3 期）

# 认草识药承传统

## ——“趣味中草药”课程案例分享

石门实验中学　刘均钰

2019 年 10 月 26 日，国务院发布了《中共中央国务院关于促进中医药传承创新发展的意见》，从国家政策层面上重视并促进中医药的传承和发展。中学生作为新时代的接班人，从小了解中医药知识，认同中医药的文化、医疗和养生价值，将积极促进学生形成民族自豪感和爱国精神。在我校“有为教育”理念的引导下，“趣味中草药”校本课程应运而生。

借助我校“课程超市”的平台，“趣味中草药”课程每周设置 2 个课时，采用学生在微信平台报名的方式招收志趣相投的学员。本课程从课程规划、每课时教学设计、详细活动安排等方面进行部署和保障，为学生提供充足的时间和学习机会，增强体验式学习。

| | | |
|---|---|---|
| 课件 | 2019/12/26 17:15 | 文件夹 |
| 每节课教学设计 | 2019/11/28 10:01 | 文件夹 |
| 教学计划（A28趣味中医药 刘均钰）.doc | 2019/9/26 17:00 | DOC 文档 |
| 说明：写清周次，每节课上交一次教案。... | 2019/9/25 16:50 | 文本文档 |
| 周三 A28中医药养生 报名表.xls | 2019/9/26 16:45 | XLS 工作表 |
| 周三A28中医药养生考勤表 刘均钰.xls | 2019/9/26 16:45 | XLS 工作表 |
| 周三A28中医药养生座位表 刘均钰.xls | 2019/9/26 17:12 | XLS 工作表 |

## 一、课程规划

| 课程名称 | 趣味中医药 | 任课教师 | 刘均钰 |
|---|---|---|---|
| 周课时数 | 2 | | |
| 开发该课程的目标（或意义） | 联系初中生物教材内容，尝试将中医文化教育渗透于教学中，引领学生“认草识药承传统” | | |

续表

| | | | |
|---|---|---|---|
| 课程内容简要概括 | 引导学生开展以“中医药”为主题的综合实践活动，主要板块如下：<br>第一板块　走近中医<br>　　　　　了解中医、中医的发展史<br>第二板块　常见中草药<br>　　　　　走进同仁堂药店（课前准备：收集常见中药材）<br>　　　　　认识常见的中药材、中药材的分类、《本草纲目》<br>第三板块　常见中草药植物<br>　　　　　辨析校园中的常见药用植物<br>　　　　　辨析野外的常见药用植物<br>　　　　　校园中草药定向活动<br>　　　　　中草药植物的栽培和养护<br>第四板块　中医常识<br>　　　　　中医调理、中医食疗制作<br>第五板块　小组成果汇报 | | |
| 学生情况 | 本班共 34 名同学，计划按照每个小组 5 人进行综合实践活动。同学们选报此主题，都是对中医药感兴趣、并向学习其知识的，还有部分学生家中做药材生意，因此，可以整合校园、家庭、社区等多方面资源，丰富课程内容，给学生提供充分的认知和体验机会 | | |
| 所需设施 | 基本的上课设备，生物实验室 | | |
| 辅助建议 | 校园草药认种活动和校园寻宝（中草药）活动，需要额外增加 2 名生物教师辅助，以保证学生户外安全和教学效果 | | |
| 课程成果汇报方式 | 学生表演，制作作品，手抄报，照片影像，演示课件 | 学生学习评价方式 | 考勤 + 上课表现 + 创意物化作品 |

# “眼和视觉”一课的教学设计、实录和评课

石门实验中学　刘均钰

## 第一部分　教学设计

### 一、教学目标

1. 知识目标

认识眼的结构及其功能；

知道视觉形成的过程和近视成因。

2. 能力目标

能通过图或模型指认眼球各部分的结构；

知道保护眼睛的方法。

3. 情感态度

重视预防近视和保护眼睛，养成良好的用眼习惯。

### 二、教学重点和难点

1. 眼的结构及视觉形成的过程

2. 近视的成因

### 三、教学过程

| 环节 | 教师活动 | 学生活动 | 设计意图 |
|---|---|---|---|
| 导入 | 展示一张厨艺课照片<br>提问：身体的哪些部分参与其中?<br>呈现资料：身体各部分接收的信息量<br>介绍感受器和感觉器官 | 观察<br>结合已有经验思考并回答<br>知道通过视觉获得的信息量比例最大。 | 激趣生疑<br>引入眼与视觉的学习 |

续表

| 环节 | 教师活动 | 学生活动 | 设计意图 |
| --- | --- | --- | --- |
| 眼的结构与视觉 | 1. 眼的结构和功能<br>A. 引导学生借助书本 P79 图认识眼的结构<br>B. 分发模型并指导学生分组观察<br>C. 鼓励学生上台拆分模型，介绍其结构和功能<br>D. EYE Q 大挑战<br>教师做适当点评<br><br>2. 视觉的形成<br>A. 视觉的形成原理<br>播放视频：视觉形成的原理<br>提问：眼睛如何看清远近不同的物体<br><br>B.EYE Q 大挑战<br>a 分析“失明”成因<br>b 明、暗环境下的视觉调整<br>瞳孔<br>出示相关图片，引导学生思考<br><br>C. 看远景、近景的视觉<br>播放视频<br>出示图片并引导学生作出判断<br>过渡：眼睛也有状态不佳的时候。<br>请看“眼球历险记” | 对照课本认识眼睛结构（说出结构）<br>小组合作，利用模型明晰各结构的功能（拆分模型并简单介绍功能）<br>尝试上台展示<br>思考并回答<br><br>结合书本 P79 和眼球模型，描述视觉形成的过程<br><br>思考并回答<br>尝试回答：晶状体的调节功能<br>参与“找不同——中午和晚上的猫”；人眼在光、暗两种环境中的变化，推断出瞳孔的作用，并分析生活中遇到的现象<br><br>观察，思考<br>得出：晶状体的调节作用，使物象始终落于视网膜上<br><br>观察模拟实验，思考 | 自主探究<br><br>展示自主探究和合作学习的效果<br><br>基于相关视频和文字材料，思考解决问题<br><br>强化视觉系统是一个统一的整体，形成“结构决定功能”的概念<br>瞳孔的作用<br>形成“生物适应环境”的概念<br><br>深化晶状体的调节作用。显现“结构决定功能”的概念<br>激发探究兴趣 |
| 近视及其预防 | 演示“眼球历险记”，引导学生思考：遇到何“险”？“险”为何故？<br>1. 近视的成因<br>利用动画演示近视成因<br>假性近视<br>真性近视<br>2. 近视的预防<br>（1）近视并发症<br>（2）护眼攻略 | 观察并思考<br>尝试回答<br><br>结合资料分析出近视的成因<br><br>（1）了解近视并发症<br>（2）说说自己的护眼攻略 | 激发兴趣<br>引导探究<br><br>教师通过模拟实验，设置认知冲突，使学生产生疑问，通过自主探究解决问题 |
| 小结 | 引导情感升华：爱眼护眼 | 爱眼护眼 | |

## 第二部分　课堂实录

师：先邀请同学们欣赏一张图片（展示本校学生的厨艺课图片）。

生：（观看图片）

师：在厨艺课上我们看老师示范、自己亲手炮制菜肴，最后还与同伴分享美食。请同学们想一想，我们身体的哪些部分参与到这个过程中呢？

生：眼睛、手、耳朵、嘴巴、舌头、鼻子、皮肤……

师：同学们提到的这些都是我们身体的器官，与他们相关的分别是什么感觉呢？

生：视觉、听觉、触觉、嗅觉、味觉。

师：有关研究表明，身体依靠这几种感觉接受外界信息的比例是不同的（展示比例饼图），比例最大的是什么呢？

生：视觉

师：眼睛产生的视觉很重要，这节课让我们一起来了解“眼和视觉”。我们与人交往，第一眼看的就是眼睛。但我们所看到的并不是眼睛的全部，现在请同学们用手轻轻触摸自己的眼睛，感觉一下它是什么形状的？

生：球型。

师：我们把它称为眼球。现在让我们一起了解眼球的结构。（展示眼球结构图），请翻开书本第 79 页，2 分钟速记眼球各部分的结构，待会儿请同学们来介绍。

生：（独自对照书本速记）

师：（时间到）好，哪位同学已经做好准备？

生：（举手尝试并说出眼球各部分结构）

师：（简单点评并鼓励继续参与）为了更清楚地了解眼球的结构和功能，现在老师给各小组分发一个眼球模型，请各位合作学习，研究各部分的结构与功能，等一下上台介绍。（分发模型到各小组）

生：（小组合作，拆分模型并对照课本说出各部分结构和功能）

师：（时间到）同学们都积极参与，通力合作。大家可以是个人代表小组上台介绍，也可以是几个或全部小组成员上台，哪个小组做好展示的准备呢？

生:(举手并上台展示)

师:(带着欣赏和鼓励的目光从旁观察，提请其他小组成员注意听，为评价做准备，邀请其他小组点评，教师点评)

同学们都了解了眼球的结构和功能，接下来我们来挑战一下。(展示EYE Q 大挑战题目)

生:(举手回答 EYE Q 大挑战的题目)

师: 我们已经了解了眼球的结构和功能，那我们是怎样看到外界物体的?（播放视频)

生:(观看视频)

师: 请同学们结合课本第 79 页，尝试描述视觉形成的过程。

生:(结合 PPT 内容描述视觉形成的过程)

师: 同学们了解了视觉形成的原理之后，这里有位病人遇到了麻烦事，你们能帮助他吗?

(展示 PPT : EYE Q 大挑战——一位病人车祸后失明，检查发现眼球结构却是完好的)

生: 可能是因为视神经或大脑与视觉有关的区域受损。

师: 同学们的分析很到位。视觉的形成不但需要健康的眼球，还需要完整的神经传导和处理。接下来我们看看这个有趣的现象(展示 PPT : 中午和傍晚的猫，“找不同”游戏)，请同学们找找有什么不一样?

生: 中午的猫瞳孔变小，傍晚的猫瞳孔变大。

师: 那人的瞳孔有没有这样的变化呢?（展示 PPT : 遇到强光和弱光时的人眼)

生: 遇到强光时瞳孔变小，遇到弱光时瞳孔变大。

师: 光线的强弱导致瞳孔发生大小变化，说明了瞳孔有什么作用呢?

生: 调节进入眼的光量。

师: 我们的眼睛通过瞳孔对光刺激做出反应，以适应不同光线环境。接下来请大家分析一下这个生活中的现象(展示 PPT : EYE Q 大挑战——影剧院里的亲身体验)

生:(尝试分析)

师:(点评)眼睛通过瞳孔的调节来适应不同光线条件，那它又是依靠什么结构看清楚远近不同的物体的呢?（播放视频——眼睛如何看清远近不同的物体？）

生：（观看视频并尝试回答）晶状体的调节作用。

师：（展示 PPT）请从晶状体状态判断，哪幅图在看近物？

生：（做出判断）晶状体曲度较大的状态在看近物。

师：看来晶状体的作用非常重要，要是它出了问题会发生什么事呢？接下来请看演示实验“眼球历险记”。

（教师利用实物投影演示近视形成的过程及视觉模糊的效果，步骤如下）

师：课室里面的实物投影结构原理与眼睛很相似。我们用它来模拟小明的眼睛。

1. 教师拿出一张视力测试图放在离实物展示台上方约 10cm 的平面位置上；

2. 手动聚焦，白幕上出现了非常清晰的像，教师解释“小明现在能看到清晰的物像”；

3. “如果长时间近距离地看书，我们尝试把书本拿远一点，看看发生了什么事？”

教师边说边把视力表位置慢慢下调，平放于实物展示台上，在白幕上立即看到成像模糊，教师提问：“是什么原因导致了视物不清？”）（学生思考，尝试着回答）

4. “这个时候如果注意休息，视力也许可以得到恢复……”教师边说边摁下手动聚焦按钮，白幕上的像恢复清晰状态。（这相当于晶状体恢复了调节功能）

5. “小明想：既然眼球有这么强大的调节功能，那就继续长时间近距离地看书也无妨吧！”教师边说边把视力表放于距离实物展示台上方约 10cm 处，摁下手动聚焦按钮。白幕上出现了清晰的物像。

6. 教师描述“小明长期这样用眼，后果会怎样呢？我们尝试把书本移动到较远的位置”教师边说边把视力表平放到实物展示台上，白幕上的物像随即变得模糊不清。教师把握机会提问：“小明的眼睛怎么了？”

生：近视了！

师：你们能帮助他重新看清东西吗？

生：佩戴近视眼镜。

师：有哪位同学愿意借自己的眼镜给他试试？

生：（跃跃欲试，带着自己的眼镜放在展示台与镜头之间，适当调节，直到白幕上出现了清晰的物像……）

师：佩戴了近视眼镜之后，近视眼也能看清远处的物体了！

到底小明的眼睛为什么会变成近视眼的？

生：因为小明长时间近距离地看书，导致晶状体曲度过大而不能恢复。

师：这个分析是否正确呢？我们一起来看看视频的介绍（播放视频）。

确实是晶状体的调节出了问题。我们把这样的近视称为什么呢？这种近视有什么特点？

生：假性近视。如果及时地注意休息，眼睛可以恢复正常。

师：分析得很正确。但如果眼睛疲倦了还不去休息，发展下去将有什么严重后果呢？（展示 PPT：眼球变形前、变形后的比较图）请比较眼球发生了什么变化。

生：眼球的前后径变长，物像落在视网膜前方，视力变得模糊了。

师：眼球变形了就不能恢复了，这样的近视称为——

生：真性近视！

师：那怎么办？

生：佩戴近视眼镜

师：（出示 PPT：近视眼在近视眼镜的矫正下调整物像落在视网膜上）请观察，近视眼镜是什么镜？

生：凹透镜。

师：近视眼镜就是凹透镜，帮助近视眼看清物体。近视眼在我们身边已经成为了普遍现象，班上兴趣小组的同学课前做了一个“初一学生近视情况”小调查，请他们上台汇报。

生：小组代表上台汇报调查结果（PPT 表格呈现）

师：我们身边近视的同学可真不少。既然近视了就有近视眼镜的帮忙，那我们就是患近视也不要紧了？带着眼镜还蛮酷的！

生：当然不是……

师：为什么大家都反对呢？谁来分享一个戴近视眼镜的体验？

生：戴着眼镜打篮球容易受伤；冬天戴着眼镜吃火锅，吃着吃着就满眼迷雾；戴眼镜时间长了眼睛会很累；有一些工作对视力要求很严格，近视了就没有机会了……

师：看来近视给我们的生活和成长带来许多不方便。不说不知道，近视还有许多并发症，请看介绍（播放视频）

生：（观看视频，视频趣味性强，学生兴趣盎然地观看。）

师：（展示 PPT：四张近视并发症图片——黄斑出血、青光眼、视网膜脱落、白内障）这些并发症都是近视引起眼球结构异常导致的，严重的还会失明。所以我们要怎样对待自己的眼睛？

生：好好保护它。

师：（展示 PPT："视觉盛宴"）我们面对着精彩的资讯世界，IPAD、3D 电视等各种电子产品吸引着眼球，请大家说说自己有什么护眼攻略？

生：看书本一段时间之后，要眺望远景，放松睫状体肌肉；书本离眼睛距离远一点；认真做好眼保健操……

师：看来同学们参照教科书上面的建议，对保护眼睛的做法都有了较多了解。我们可以从用眼时间、视物距离、饮食营养、运动等方面保护我们的眼睛保持最佳状态。接下来，刚才的视频中还有一些好方法要告诉你！（播放视频）

生：（观看视频。视频趣味性强，学生看得目不转睛。）

师：我们了解眼睛的结构，又知道了近视的原因，现在还了解这么多护眼方法，让我们一起行动，关爱自己的心灵之窗吧！祝愿同学们都拥有一双明亮的眼睛。

下课！

## 第三部分　评课

刘老师形象清新、年轻而有活力。课堂设计能充分调动课堂学习的气氛，教学手段新颖，调动学生利用多种感官自主参与和探究，课堂高效；精心设问，学生参与度高；课件内容丰富，可见刘老师在备课中结合教材、学生做了精心准备。个人认为这是一节十分高效的生物课。（桂江一中谢兰老师）

在学习眼球结构环节，刘老师运用速记的方法激发学生兴趣，善于调动学生多种感官，激发学生参与热情；学生展示形式多样，小组中有个人上台展示体现个性，也鼓励全组展示体现团队合作，教学理念好；设计了针对性的题目，鼓励学生学以致用，对教材的处理十分灵活。（大沥中学陈妙君老师）

课堂清新、简洁高效，素材处理恰当巧妙；“近视预防”视频新颖，适合初中生年龄特点；模拟近视成因手段新颖，有所创新；注重学生参与对刚学完的知识的运用，创新，师生关系平等和谐，教师给予学生充分的自主性，学生的学习积极性高。（西樵中学黄德庆老师）

把抽象内容具体化形象化，采用多种教学形式连环应用，小组展示形式丰富多样，学生老师共同点评，体现学生自主性；近视眼的原理教学创新。（罗村一中黄德兵老师）

老师先引导学生用双手轻轻摸自己的眼，以感受眼球是呈球状的而自然导入新课，再以小组式共同拆分和重组眼球模型来攻破本节课的重点和难点，而对于“近视眼的形成及预防”，刘老师没有自己讲，而是把机会都留给学生发言，学生把自己的想法、做法都大胆地说出来，这种方式达到了非常好的效果。整个课堂老师亲切、学生自然、气氛活跃又井然有序，师生间非常融洽地完成教学活动。（盐步三中黄顺兰）

这节课体现了学生自主性，活动衔接巧妙，学生状态素质高，活动课形式丰富多样，调动学生积极性，“EYE Q 大挑战”设计巧妙，激发学生参与和思考，不知不觉中运用了刚学的知识，又过渡到下一个环节；“眼球历险记”具有创新性；课堂灵活，对教材的处理和开发有精心研究；“疑、展、评”教学方法在生物课堂中灵活运用。鼓励学生“展”，体现自主性；学生参与评价、自主评价是“评”的一大特色。（南海区教研员蒋文老师）

# “眼和视觉”教学反思

佛山市南海石门实验中学　刘均钰

“眼和视觉”课例为2014年度佛山市南海区初中生物教研活动示范课

本课是人教版七年级（下）“生物圈中的人”中神经调节范畴的内容。本课教学旨在引导学生掌握眼球结构及其功能，了解视觉形成的原理及近视成因，最终学会在生活中形成爱眼护眼的好习惯。

针对眼球结构、视觉原理的抽象性，考虑到护眼常识与学生健康生活息息相关，本人有目标地整合教学资源，融合多元活动设计教学环节，总结出效果不错的做法。

## 一、多元体验，激发学习主动性

### 1. 不同感官接收信息比例饼图

课堂导入部分，利用校本课程“厨艺课”的照片，呈现色、香、味俱全的菜肴，让学生回顾各种感觉；通过饼图呈现各种感觉接收信息量的比例，突出视觉的重要作用，引入新课。这样的引入，使感性体验与理性分析相结合，调动学生的思维。

### 2. 拆分眼球模型并上台展示

眼球结构的教学环节，本人带领学生用双手轻触自己的眼球，感觉眼的“球”状，但内部到底是什么结构呢？学生心中不禁产生疑问，进而引入“眼球结构”的学习。此环节分为“看图识结构”“拆分模型知功能”两个环节：“看图识结构”是学生的个人学习行为，在规定时间内独自识记图中的结构，利于提高学生的注意力和专注度。通过抢答环节90%以上的参与度可知，此活动利于提高学生的识记效率。“拆分模型知功能”首先让学生以7人小组为单位，共同拆分一个眼球模型，说出结构名称及功能，这是一项鼓励合作、交流和展示的团体活动，促进不同层次的学生都能参与其中。通过倾听同伴发言、参与发言、倾听同伴评价和评价同伴等学习活动，不断完善和强化对“眼球结构和功能”的理解。上台展示环节，允许学生以个人、两人或小组多人等多种组合方式上台展示，利用模型向全班介绍眼球的结构。有的学生准确地把眼球各部分准确地介绍出来，还有的学生结合自身见闻做出生动的介绍，“这是虹膜，西方人的蓝眼睛其实就是虹膜的颜色造成的”，让不同知识基础和性格特征的学生得到展示，鼓励张扬个性。学生积极活跃地上台展示，没有因为害怕记不住结构而胆怯，这就是在生物课堂中长期鼓励“多元展示”的收获，值得继续坚持。

**3.“眼球历险记”近视模拟实验**

针对“近视成因”这个教学难点，本人设计了一个模拟实验——眼球历险记，现场演示近视的形成与矫正。

课室的实物投影镜头内有相当于晶状体的结构，是模拟实验的好器材。距离镜头由近及远地放置书本，会发现远处成像变模糊。把握机会，向学生求助发问。学生会想到“用近视眼镜”矫正的方法。接着邀请学生上台操作，目睹成像变清晰。如此直观的体验帮助学生更好地理解“近视成因及矫正”，加上后续的视频与图片分析，突破难点。

**4. 近视小调查和趣味视频**

在科学用眼的教学环节中，邀请兴趣小组的学生上台汇报“初一学生近视情况”小调查，把第一手数据资料展现在同学们面前，还鼓励学生现场说出戴眼镜给生活带来的不便，通过生动有趣的视频《近视并发症》《护眼攻略》引导学生爱眼护眼，点面结合，多方面调动学生的感官和思维，增添了此教学环节的趣味性，使学生更积极主动参与课堂。

## 二、闯关式游戏习题，知识环环相扣

本课的另外一个创新做法是有效整合教学素材，设计“EYE Q大挑战”闯关式游戏习题。作用有二：一是边学边检测，对新学知识及时运用；二是练习题中引入新问题。“EYE Q 大挑战”贯穿各教学环节的过渡处，承上启下，利于调动学生主动思维。例如，在学习了“视觉形成的原理”后，帮助车祸失明病人分析失明原因，加深对知识的理解和运用；把教学书中“白天和傍晚猫的瞳孔变化”图片设计成“找不同”趣味游戏，让学生观察发现差别，聚焦瞳孔的作用。这样的设计激发了学生的参与热情，又能承上启下，环环相扣，逻辑更紧密。

两点需要改进的地方

一是“眼球历险记”模拟实验。利用课室的实物投影进行模拟实验，需要在演示前做好铺垫，介绍清楚实物投影内具有类似眼球的结构，使学生更好地领悟近视的原理。

二是《近视并发症》《护眼攻略》两个趣味视频的处理。此视频为粤语卡通短片，能激发粤语学生的学习兴趣，拓展其知识面。如果要进一步推广，可以用“会声会影”等软件做普通话配音处理，以适合广大教学对象。

课堂中学生回答问题的参与率达 90% 以上，拆分眼球模型等动手操作环节人人参与，口头表达时能对事物进行具体描述，思维较活跃，逻辑较紧密，教学效果良好。

本课以学生为主体，重视学生的参与体验，激发了学生大胆参与和展示，符合新课程标准的精神。拆分眼球模型、“找不同”游戏、帮助车祸失明病人分析失明原因、“眼球历险记”模拟实验、分享小调查结果和戴眼镜的不便等情境创设新颖，有效整合了教学资源，课堂效率较高。

# “植物的主要类群”教学设计

郁南县实验中学　麦明波

## 一、设计说明

“植物的主要类群”是北师大版初中生物八年级下册第 22 章第 3 节内容，教学参考书建议用 3 个课时完成，第 1 课时内容为“植物系统进化树；‘观察比较不同的植物’”；第 2 课时内容为“苔藓植物和蕨类植物”；第 3 课时内容为“种子植物”。但是这也影响了知识体系的逻辑性，结构显得零碎。该节涉及生物进化以及分类、绿色植物的生活史等相关内容，学生比较熟悉，有一定的知识基础，因此笔者尝试将 3 个课时合为 1 个课时，以系列探究活动为主线展开教学，注重培养学生动手能力，突出生物进化的观念，让学生整体把握这部分的知识体系，进而深刻地理解生物进化以及完整理解各植物类群的主要特征。

## 二、学情分析

学生在七年级的学习中，已经具备植物、植物体的结构层次，绿色开花植物的生活史（包括根、茎、叶、种子、花、果实的形态结构），植物的繁殖等知识，在本章第 1 节和第 2 节中也学习了生物分类的方法，这些都为本课学习打下基础。

## 三、教学目标

### 知识目标

1. 初识植物系统进化树，了解不同植物类群之间的亲缘关系。

2 认识不同植物类群（苔藓植物、蕨类植物、种子植物）的形态结构特征、生活方式、与人类的关系，并通过对不同植物类群的比较，进一步理解植物系统进化树。

**能力目标**

1. 通过“观察比较不同的植物”活动，提高观察能力、比较分析思维能力。

2. 通过对不同植物类群的学习，增强分析问题能力、语言表达能力等。

**情感目标**

1. 通过对不同类群植物的学习，进一步体会植物种类的多样性强化生物进化的观点。

2. 通过对不同类群植物与人类关系的学习，增强生物科学的价值观，强化热爱植物、保护植物的情感。

3. 培养科学探究的欲望与兴趣。

## 四、教学重点

1. “观察比较不同植物”活动。

2. 苔藓植物、蕨类植物、种子植物的形态结构特征。

3. 各个植物类群与人类的关系。

## 五、教学难点

1. 组织“观察比较不同的植物”活动。

2. 苔藓植物、蕨类植物、种子植物的形态结构特征。

3. 认识种子植物是植物界最高等的类群。

## 六、教学策略

通过探究教学模式、合作学习方式，小组合作探究观察比较苔藓植物、蕨类植物以及裸子植物和单子叶植物、双子叶植物种子的结构，突破难点。

## 七、课前准备

葫芦藓、铁线蕨新鲜实物标本；油松、花生、玉米种子；狗尾草、岗稔（带花）新鲜实物标本；上课课件、有关的实验器材。提前训练小组长解剖种子技巧。

## 八、教学过程

| 教学环节 | 教学活动 | 学生活动 | 设计意图 |
| --- | --- | --- | --- |
| 创设情境<br>导入新课 | 1. 温故知新：生物分类的依据是什么？分类的等级是什么？林奈创立的双名法；原生动物的主要特征？藻类的主要特征？<br>2. 展示在校园内拍摄的各种植物的图片，认识部分植物的名称<br>3. 植物种类繁多，如何根据它们的特征进行分类？不同植物类群之间的不同表现在什么地方呢？引出课题：“植物的主要类群” | 思考<br>回答 | 巩固基础<br><br>激发探究欲望以及学习兴趣 |
| 初识植物进化系统树 | 生物进化的趋势是什么？（由简单到复杂，由低等到高等，由水生到陆生）从植物系统进化树可以看出，从低等到高等植物可以划分的几个类群：【原始生命体→藻类植物（有叶绿体）→苔藓植物→蕨类植物→裸子植物→被子植物）】 | 观察<br>分析<br>回答 | 强化进化观点；提高读图能力 |
| 合作探究活动<br>1. 观察并比较苔藓、蕨类植物 | 【问题】如何直接观察苔藓植物、蕨类植物的特征呢？通过观察葫芦藓、铁线蕨标本，请描述各自的形态结构特征。<br>【追问】蕨类植物的地上部分为什么能够直立？这些部分怎样获得生活必需的水分和无机盐？蕨类植物怎样繁殖后代？通过分析比较，你能说出这两类植物之间的差异吗？<br>老师启发学生：可以根据苔藓植物、蕨类植物了解它们的生活环境以及根、茎、叶的形态结构特征并比较。<br>【做一做】<br>学生分组实验：观察葫芦藓和铁线蕨，描述其形态结构，并进行比较<br>【练一练】<br>完成表格内容（附表），归纳苔藓植物、蕨类植物的主要特征<br>【讨论交流】<br>1. 请学生归纳苔藓植物和蕨类植物的主要特征<br>2. 请小组代表讲出练习答案，然后交流总结 | 思考<br>讨论<br><br>动手<br>实验<br>交流<br>分享 | 以问题为线索，通过合作探究解决重点难点，通过做一做，达到技能目标。 |

| | | | |
|---|---|---|---|
| 合作探究活动2. 观察比较油松、花生和玉米种子 | 【问题】种子植物的特征是什么？裸子植物与被子植物有什么不同的特征？<br>【做一做】<br>学生分组实验：观察油松种子，解剖花生种子、玉米种子，描述其结构特征，并进行比较<br>【练一练】<br>完成表格（附表），比较裸子植物、被子植物种子；比较双子叶植物种子和单子叶植物种子<br>【讨论交流】<br>请学生归纳裸子植物、单子叶植物、双子叶植物的主要特征<br><br>请小组代表讲出练习答案，然后交流总结 | 思考讨论<br><br>动手实验交流分享 | 以问题为线索，通过合作探究解决重点难点，通过做一做，达到技能目标。 |
| 合作探究活动3. 被子植物的分类 | 【阅读分析】<br>阅读课文，认识被子植物中单子叶植物和双子叶植物的主要形态差异<br>【练一练】<br>以狗尾草、岗稔为例，根据它们的叶、花瓣数目等特征进行分类<br>【讨论交流】<br>单子叶植物和双子叶植物各有什么特征？ | 阅读课文，思考，回答 | 能力提升 |
| 课题总结归纳：植物的分类 | 【练一练】<br>各种植物的特征及分类<br>【交流总结】<br>通过练习巩固知识点；师生共同归纳植物的主要类群；请学生谈谈这节课的收获 | 思考，回答，交流 | 巩固知识，总结提升 |

# 新陈代谢复习（三）

## ——泌尿系统复习及新陈代谢小结

深圳市宝安中学　何小霞

## 一、教学设计

### （一）教学目标

目标是复习的灵魂。

针对近三年的深圳科学中考生物部分，从命题思想、试题设计和考试内容来看，与人体的新陈代谢关系密切的四大系统的考查大都结合识图来考查学生的探究能力。因此，这部分的复习我们以能力为主导，以识图为主线，以知识为载体的复习模式。上两节课已经复习了消化系统、循环系统和呼吸系统。所以本节课的目标确定如下：

1. 描述泌尿系统的结构和尿液形成的过程。

2. 通过构建人体新陈代谢概念图，将与新陈代谢密切联系的四大系统联系起来。

3. 能力目标：培养学生的识图能力、用图能力及知识的拓展迁移的能力。解决学生由“不会”到“会”，由“会”到“得分”的问题。

4. 通过多次自主合作学习，培养学生自主学习的习惯以及合作提高的意识。

### （二）教学内容

1. 教材内容的地位、作用与意义

适应的观点是生物学的基本观点之一。通过本节课的教学，巩固了前两节课所复习的“消化”“循环”等知识，不仅能使学生复习到泌尿系统的有关知识，还能帮助学生逐步形成生物学的基本观点（适应性的观点）。本节课的教学需要“循环系统”一节中的基础知识作为基础，又为后面“新陈代谢”的学习做了铺垫。

2. 教材的编排特点、重点和难点

泌尿系统的组成，肾脏的结构，尿液的形成和排出。与人体的新陈代谢关系密切的四大系统的联系。

**（三）教学对象**

学生已有知识和经验：学生已有“循环”“消化”“呼吸”等相关知识。

学生学习方法和技巧：学生具有较强的识图、用图能力，有较强的自主学习的能力，有小组合作意识。

学生个性发展和群体提高：有个人独立学习内容，有小组合作学习内容。使学生个性得以发展，也使群体得以提高。

**（四）教学策略**

1. 教学设计思路

遵从初中生“注意、感知、记忆、思维”的认知心理学，以“识别结构图→绘制结构图→构建概念图”为基本复习思路。

2. 教学方法

讲授法、读书指导法、练习法、演示法、作业法、讨论法、多媒体辅助教学

3. 教学媒体的选择与运用：精美课件

**（五）教学流程**

一、课前预习：识图能力培养

小组合作，读泌尿系统图并思考：

1. 泌尿系统由哪些器官组成？

2. 泌尿系统的各器官有什么功能？

小组合作，读肾单位结构图并思考：

1. 尿液的形成包括哪些过程？这些过程分别由肾单位的哪些结构完成？

2. 肾小囊中的液体是什么？其成分是什么？

3. 终尿的成分是什么？

4. 原尿、终尿与血浆的成分有什么区别？

二、课堂 45 分钟

教师通过批改学生的预习学案发现问题，课堂上提问预习学案中出现问题的学生，将问题抛出让学生讨论，逐个完善学生的知识结构。

小组合作绘图表示尿液的形成过程。

1. 学生独立绘图。

2. 展示不同层次的学生绘制的图，通过不断纠正、补充、完善，学生对尿液形成过程更加清楚明了。

3. 小组合作完善尿液形成模式图。通过“兵教兵”的方式让基础较差的学生得到更好的提升。

4. 教师通过对模式图中两个知识点“为什么肾小管可以滤过”和“为什么肾小囊中装着原尿”的提问，引出结构与功能相统一的观点。

**板书设计**

| 泌尿系统复习及新陈代谢小结 |
|---|
| 一、梳理泌尿系统的知识 |
| 二、梳理尿液形成过程的相关知识 |
| 三、绘图表示尿液形成过程 |
| 四、小组合作构建泌尿系统概念图 |
| 五、小组合作构建新陈代谢概图 |

### （六）教学评价

整堂课以学生为主体，共同探求真理，交流合作，实现师生双方主体性的构建和发展。图说生物学教学法，以识图为主线，以知识为载体，通过学生识图、绘图、构建概念图等教学法既提高了学生的学习兴趣，又训练了学生的空间思维能力。通过个人独立学习，学生个人得以发展，通过小组合作学习，群体能力得以提高。利用清晰的多媒体课件帮助学生解决难点和实际生活中的相关问题，教师语言严谨，在教学过程中主要通过反馈学生的课前预习效果、复习重难点、课堂反馈等几个环节中对不同层次的学生进行了有针对性的、合适的学习评价，让不同层次的学生获得成功的体验，从而调动学生的学习积极性。

## 二、教学反思

教学过程中，根据学生的实际情况和有梯度的问题设置，进行分层教学，面向全体学生，这样让各层次的学生都有成功的机会。利用小组合作交流学习，促进学生的共同进步和共同成长；注意在组织教学过程中随时进行评价和激励，享受成功的快乐。在教学活动中为学生留下充足的活

动、思考的余地，发展了学生的质疑、解惑能力。

引导并组织学生进行读图、绘图、构建概念图，鼓励学生自己观察、思考、提问、合作，提高了学生自主学习和小组合作的能力。对学生评价的过程，也是自我提高的过程，在今后的教学过程中，我会以课标为理论支持，设计好每一节课，上好每一节课。

# 初中生物线上教学设计思路及教学反思

龙江外国语学校　诸尔娟

【摘　要】要让初中生物线上教学体现《义务教育生物学课程标准（2011年版）》要求，教师应精心设计教学过程，充当导学、助学角色，引导学生自主学习、自主探究，充分挖掘家中的教学素材，通过任务单驱动学生达成学习目标，提高生物科学素养。

【关键词】初中生物　线上教学　自主学习　探究

初中生物课如何有效地开展线上教学，是当前教育工作者的一个重点工作。生物学课程是自然科学领域的一门学科课程，是以提高学生生物科学素养为主要目的的学科课程，在直播课程中如何贯彻课程标准中的基本理念，是线上直播课设计过程中要思考的首要问题。

## 一、线上教学设计思路

初中生物课程标准的基本理念是面向全体学生、提高生物科学素养、倡导探究性学习。因此，在直播课的教学设计中必然要在紧紧围绕这三个基本理念的基础上，结合线上教学的特点，分析学情，整合教学资源，精心设计每一个教学环节，让教师真正起到导学、助学的作用，达成教学目标。

### 1. 教学目标的设计

线上直播课不同于传统的在校学习，线上学习更关注提高学生的自主学习能力和自控能力，更注重丰富学生情感与锤炼学生意志品质，更强调学生养成自觉的学习习惯，品味学习乐趣和魅力。初中生物课程目标包括知识目标、能力目标、情感态度价值观目标。线上教学不等于仅仅学习新知识，线上教学也不等于看视频微课。因此，在设计教学目标的时候，既要让学生掌握新知识，又要注重学生在获得知识的过程中能力的提升、情感态度价值观的形成。

线上教学中教师隔空传递的不仅仅是知识，更多的是传递着教师的爱以及对学生成长的引领。在初中生物线上教学中学生学习的场所是在家中，因此教师的教学目标可以是指导学生从网络搜集资料，提高学生的自主学习能力，查阅资料的能力，分析问题、解决问题的能力。在提高探究性学习能力方面，教师可以设计居家就可以完成的探究性问题，提高学生的探究能力。例如探究不同水培植物根尖的生长速度，探究蔬菜的保鲜问题等等。教师要充分挖掘生活中的素材，真正地把知识运用于生活，让知识不仅仅停留在纸上，让知识化为力量去做有意义的事情。

**2. 教学过程的设计**

无论是哪门课程，是线上还是线下教育，都指向学科关键能力和核心素养。初中生物线上教学设计中，依据生物课程标准，教师的主要任务是导学与助学。学生通过获得学习任务，根据教师的指导，开展自主学习，进入思维、体验、探究的学习过程。学生在探究过程中去反思、感悟、总结所获得的学习成果。最后，教师要对本节课学习效果进行检测，完成相关的练习，并给予指导。教师将任务单转化为学生的自主学习行为，引导学生准确理解学习任务，评估、反馈学生的任务质量，帮助学生破解难点，理解重点。当然，教师也可以引入微视频，再提出问题让学生思考、回味、体验后，完成学习任务。

线上教学一节课的时间一般不能超过 20 分钟，大部分时间学生进行自主学习，自主探究。教学流程一般是教师先导学，然后学生自主学习探究，最后师生进行互动释疑，突破难点以及对学生进行反馈检测。例如：八年级下册第一章第四节“鸟的生殖和发育”这一节课的设计，教师布置任务：（1）请学生拿出家里的鸡蛋，观察并对鸡蛋的内部结构进行拍照。（2）通过阅读课本或者网上查找资料，在照片上标出各部分结构的名称，并尝试写出各结构的功能。（3）鸡蛋内部的哪一部分将来发育成雏鸡？（4）请上网搜查现代化养鸡场的资料，了解养鸡场工业化的生产流程，工业上是如何通过精心管理科学养鸡，提高产量的？（5）假如你去市场买鸡蛋来孵化小鸡，怎样的鸡蛋才可以孵化出小鸡？请尝试设计一个孵化箱。（6）鸟的生殖和发育过程包括哪几个阶段？请上网搜查关于鸟类繁殖的资料，了解鸟类各种各样的繁殖行为，并且制作成 PPT 与同学们分享，发送到班级群。以上的任务单充分地体现了学生自主学习、自主探究的过程，逐步培养学生收集和处理科学信息的能力、获取新知识的能力、分析和解决问题的能力。学生通过自主探究，发现问题并试图解决问题，最后与老师进行互动分享。线上教学打破了课堂的时间和空间界限，把学习的自主权真正地交给学生，教师可以给予学生更多的个体化的人文关怀，进行有针对性的、个体化的辅导，让学生健康地自主发展、成长。

教师要充分挖掘教学素材，整合教学资源，引领学生学会学习、学会生活、学会感知周围的世界。例如，病毒与人类、大自然的关系，水果的催熟、蔬菜的保鲜、无土栽培、细菌和真菌的培养、酿酒、制作酸奶、饲养家蚕（观察家蚕的发育）、制定每天的食谱、上网进行探究性的虚拟实验等等都可以作为学生自主学习、提高生物科学素养的探究性课题。教师要精心设计具有可行性的任务单，让课堂更开放、更有趣味性，体现更多的人文教育。

## 二、线上教学反思

线上教学绝非仅指知识的学习，更不是单一的网上上课。生物教师要结合本学科特点对学生进行生命教育、自然科学教育，充分挖掘素材，融合最鲜活的生物学科知识的同时，进行情感态度价值观的教育。生命教育是要让学生敬畏生命、敬畏大自然，体验大自然与人类的亲密关系。生物教师要深信大自然就是一本最好的教科书。因此，线上教学要让学生多一些体验课程，去感知大自然，去探索大自然的奥秘。当然，线上教学中的教师不仅仅是布置任务，而是应多一些人文的关怀，鼓励学生去探索，指导学生用正确的方法去探究未知的世界，让学生学会学习，学会与大自然和谐相处，学会发现问题、解决问题。线上教学更注重学习体验的过程、情感态度价值观的形成，而不是学习了多少知识。教师只有真正把握好线上教学的内涵，才能去引领学生开展线上学习，否则，线上教学就成了单纯性知识的累积，生活与教育脱节，教育与社会问题脱节。

# “控制物体发出的声音”案例与反思

佛山市南海区九江镇南方小学　刘健生

## 一、教材分析

“控制物体发出的声音”是小学四年级上册第五单元的第四课。本课可分成三部分：第一部分是控制发声罐的声音，这一部分主要是让学生通过玩“发声罐”的游戏，进一步明确不同的材料可以发出不同的声音；第二部分是轻轻说话和大声说话。通过这项活动，学生认识到，在某些场合，我们应该注意控制自己的声音，以免对周围环境造成不良的影响；第三部分是为减少噪声而努力，要让学生知道噪声可以使人烦躁不安，甚至影响我们的身体健康，并掌握一些避免或者消除噪声的方法。

## 二、本课目标设计

1. 不同的材料组合可以发出不同的声音，掌握一些控制物体发出的声音的方法，在实验的过程中能想出多种办法去解决问题，主动提出和发现问题。2. 认识到在某些场合，我们应该注意控制自己的声音，以免对周围环境造成不良的影响。3. 认识噪声的危害。4. 训练学生的动手操作能力，解决问题能力，口头发表能力，合作交流能力，以及评价能力等。

## 三、学情分析

学生知道声音是怎样产生与传播的，对声音已有一定的认识，能为本课打下基础。

**教学片段：**

一、创设情境引入

师：请同学们听听以下两种声音，听完后说说你们的感觉。

（教师用多媒体分别播放一段噪声和音乐让学生听，让学生感受一下两种声音的区别。）

生 1：第一段声音很难听，耳朵难受；第二段声音很好听，好舒服。

生 2：第一段声音好刺耳，好难听；第二段是音乐，我好喜欢听。

生 3：第一段声音是属于噪声，不好听，使人难受；第二段声音是音乐，当然比第一段好听。

师：同学们回答都是对的，第一段是噪声，第二段是乐音。你们也感觉到了，噪声对我们有什么影响呢？

生：噪声使人的耳朵难受，使人烦躁。

师：好听的音乐呢？

生：好听的音乐使人感到舒服。

师：对了，声音给我们带来信息，美妙的声音让人感到舒服，而噪声却让我们感到烦躁不安，我们怎样来控制声音呢？

（评：利用多媒体播放两段不同声音的对比引入本课。这样的情境创设，能使学生亲身感受到噪声和乐音的区别，并能为学习本课的第二和第三部分做铺垫，更能引起学习本课的兴趣。通过一问一答，最后由教师做了一个小结，很自然地进入了本节的学习。相信良好的开端是成功做一件事的关键。）

二、进行活动

教师板书课题：控制物体发出的声音

（一）活动一

师：你们可以做一个发声罐吗？

生：能。

师：看哪个小组能用最快的速度做好一个发声罐？

（学生以小组为单位在讨论中做了一个发声罐。）

师：请同学们从第一小组开始，演示一下自己是怎样做的发声罐，在演示的同时并介绍你是用什么做的，也请同学们注意听听每个小组的发声罐所发出的声音是否一样。

（学生从第一小组开始演示自己小组的作品。）

第一小组演示后介绍：我们小组的发声罐是把一些铁钉放进这个铁罐里做成的。

第二小组演示后介绍：我们小组的发声罐是把一些豆子放进这个铁罐

里做成的。

第三小组演示后介绍：我们小组的发声罐是把一些玻璃球放进这个罐子里做成的。

……（直到第六小组介绍完）

师：你们都能很快做出了一个发声罐，是不是每个小组所做的发声罐发出的声音都一样呢？为什么？

生：不一样。

师：对，你们可以说说为什么不一样吗？

生1：每个小组发声罐的大小不同。

生2：我们所用的发声材料不一样，第一小组用的是铁钉和铁罐，第二小组用的是豆子和铁罐，第三小组用的是……

师：好，谁能用一句话来概括每个小组发声罐发出的声音不一样的原因呢？

生：主要是发声的材料不同。

教师板书：材料不同——声音不同

（评：这个活动能让学生亲身经历并体验不同发声材料能发出不同的声音。在活动的过程中，学生能以小组为单位演示并做介绍，这样有利于学生的交流与学习，有利于培养学生的胆量与口头表达能力以及概括能力。从教师引导学生总结的语言看，既能提高学生的总结能力，又能培养学生的分析理解能力。这个活动的安排，也能为下一个活动做铺垫。）

（二）活动二

师：同学们，你们都能做出一个发声罐了，现在老师有个提议：我们来比一比哪个小组发声罐发出的声音最大好不好？

生：好！

师：以小组为单位，先讨论好，然后再制作，开始。

学生们开展了积极制作发声罐的活动，讨论后并用自带的材料制作发声罐。

（五分钟过后，学生们都完成了。）

师：下面我们以小组为单位演示一下，看哪个小组发声罐发出的声音最大！你们要一起来做一个公证的评判啊！

生：好！

第一组上台演示作品，接着是第二组、第三组……直到第六组。

师：好了，都表演完了。下面也是以小组为单位评议一下哪个小组发声罐发出的声音是最大的，哪一组第二，哪一组第三、第四、第五和第六？

学生们小议一会，结果出来了。

第一小组代表：我们小组认为发声罐发出的声音从大到小的顺序是：2、3、1、4、6、5。（学生边讲教师边板书）

第二小组代表：我们小组认为发声罐发出的声音从大到小的顺序是：2、3、4、1、6、5。（学生边讲教师边板书）

第三小组代表：我们小组认为发声罐发出的声音从大到小的顺序是：2、3、1、4、6、5。（学生边讲教师边板书）

……

（直到第六小组代表讲完）

汇报结果如表1所示。

**表1　发声罐发生声音从大到小的顺序**　　单位：小组

| | | | | | |
|---|---|---|---|---|---|
| 2 | 3 | 1 | 4 | 6 | 5 |
| 2 | 3 | 4 | 1 | 6 | 5 |
| 2 | 3 | 4 | 1 | 5 | 6 |
| 2 | 4 | 3 | 1 | 6 | 5 |
| 2 | 3 | 4 | 5 | 1 | 6 |
| 2 | 3 | 4 | 1 | 6 | 5 |
| 总结：2、3、4、1、6、5 | | | | | |

师：从表中可以得出什么呢？

生：冠军是第二小组，季军是第三小组，亚军是第四小组，第四名是第一小组，第五名是第六小组，第六名是第五小组。

（很自然的一阵掌声）

师：其实老师听起来你们每个小组发声罐发出的声音都是很大的，只是相比之下的确是第二小组发声罐发出的声音大一些。你们不要灰心啊！想知道第二小组是怎样做这个发声罐的吗？

生：想！

师：好，下面请取得冠军的第二小组介绍一下他们是怎样做发声罐的，介绍完后，如果你们有什么问题想问的话就可以问问他们。

（掌声中第二小组两名代表上台介绍作品）

第二小组代表：我们小组是这样制作这个发声罐的。我们选用的材料是螺丝钉、铁钉和玻璃珠。把这些东西放进这个铁罐里，盖上盖子，然后用力摇就可以了。（代表一个讲，另一个做即时演示。）

第二小组代表：你们有什么想问的？

生（第五小组）：你们组为什么选用那些材料呢？

第二小组代表：刚才我们把几种材料都试了，得出用这几种材料放进去是声音最大的。

生（第一小组）：我想问你，我们组用的材料比你们组的要多，而且你们用的材料我们组都用了，那为什么声音反而小呢？

第二小组代表：这个问题我不会答，有谁可以帮帮我呢？

生（第三小组）：刚才我们组也把很多材料放进去，做过实验，而且也发现材料多不一定声音就会大，因为不好用力。

第四小组一同学补充：材料太多，可能会阻碍材料的运动，振动反而会小，所以声音不一定会大。

生（第 6 小组）：你为什么要用力摇呢？

第二小组代表：用力摇会增大振动。

生（第五小组）：我们小组放的材料和你们组的差不多，而且没有用盖子盖住，声音应该传播得更好，应该比你们的大呀，但为什么比你们组的声音要小呢？

（过了一会儿）

第二小组代表：这个问题谁可以帮帮我呢？

生（第六小组）：第五小组的同学没有盖上盖，不能用太大的力摇，因为用力太大，材料会跑出来，是不是？

第五小组的同学都点点头。

生（第六小组）：我们组用的材料和你组也差不多，也很用力摇，为什么声音比你们组的要小？会不会因为我们的瓶子小呢？

第二小组代表：可能是吧。

师：好！你们的问和答都很好，有谁可以用一句话来概括出声音变大的主要原因呢？

生 1：用力摇。

生 2：选适当的材料。

师：用力摇和选合适的材料的最终目的是什么？

生：增加振动。

师：对了，增加振动是可以增大声音的。

板书：增加振动——声音变大

（评：本次活动包含了两个内容，一是发声罐的制作，二是答辩。在玩发声罐的制作中，学生掌握了一些控制物体发出声音的方法。活动过程中有讨论、共同制作、交流与合作，学生的动手操作、思维、创新等能力得到了发展。在第一小组介绍作品时，看似是一个小组的作品的展示、一个小组的介绍，其实是全班的一个共同展示、共同的介绍、一个共同活动，更是一个有意义的交流。这次交流活动中教师的引导也不能忽视，讨论的开头，是由教师的一句巧妙的话引起的："介绍完后，如果你们有什么问题想问的话就可以问问他们"。这句话使得全班学生进行了一次答辩。从学生的答辩当中可以看出，学生们找出了各小组比第二小组发声罐音量小的原因。）

（三）活动三

师：刚才你们都想了很多办法，使自己小组的发声罐发出的声音很大，那我们再来做一个让声音变小的实验，好不好？

生：好！

师：不过对于这个实验我有个要求，就是不准把刚才的发声材料拿出来。

生：知道。

师：那我们就来比一比谁的发声声音最小，大家开始研究。

（五分钟后，学生们都完成了作品）

师：大家都把作品完成了，可以演示一下吗？

生：好！

师：下面就从第一小组开始演示，接着是第二组，一直轮下去，大家注意做好评委的工作。

（评：让学生做评委，学生感觉身份不同了，同时，也能给学生一定的责任，使学生感觉到看、听也有意思，这也不失为我们组织课堂纪律的一个方法。）

学生开始演示：

第一小组代表演示。（效果——没有发出声音）

第二小组代表演示。（效果——没有发出声音）

第三小组代表演示。（效果——发出一点点声音）

第四小组代表演示。（效果——有一点点声音）

第五小组代表演示。（效果——没有发出声音）

第六小组代表演示。（效果——发出一点异常的声音）

师：与刚才的实验相比，是不是每个小组都能把声音变小呢？

生：是。

师：哪个小组是最成功的？

生：第一、二和第五小组。

师：是的，第一、二和第五小组的实验是最成功的，没有一点儿声音，但在老师眼中，每个小组都是成功的，因为你们都能把声音减小。

师：你们能介绍一下自己小组的发声罐声音变小的方法吗？

生：可以。

师：好，在别的小组介绍的时候你们也要注意看，注意听，如果有什么问题想问同学的，可以等到都介绍完后再提出。

（评：目的是让全班有一个共同交流。教师的一句话："注意看，注意听，如果有什么问题想问同学的，可以等到都介绍完后再提出。"为再一次的辩论做了铺垫。）

师：先请第一小组介绍，接着是第二小组，一直到第六小组。

学生开始轮着介绍自己制作发声罐的方法。

第一小组代表：我们是用布碎包住螺丝钉和铁钉，放进罐子里，再用棉花填满空隙，发声罐就不会发声了。（讲完后做摇动发声罐的动作）

第二小组代表：我们是用胶布把所有发声材料都粘在发声罐的底部，这样发声罐就不会发声了。（讲完后做摇动发声罐的动作）

第三小组代表：我们是用磁铁把螺丝钉、铁钉和发声罐吸在一起，这样发声罐就不会发声了。（讲完后做摇动发声罐的动作）

第四小组代表：我们的方法与第一组是一样的。（讲完后做摇动发声罐的动作）

第五小组代表：我们的方法和第一、第四组的差不多，不过我们不是

用棉花和布碎来包发声材料，而是用废纸来包住和塞满罐子。（讲完后做摇动发声罐的动作）

第六小组代表：我们的制作很简单，就是把水充满发声罐，盖上盖子就可以了。（讲完后做摇动发声罐的动作）

师：你们有没有问题想问哪个小组的？

生（第一小组的）：请问第二小组，你们为什么想到用胶布粘的呢？

第二小组代表：我们小组做过实验，用胶布把发声罐里的东西和发声罐粘稳了，就不会产生振动，这样就没有声音产生了。

生（第五小组的）：请问第三小组，你们利用磁铁这个方法是怎样想出来的呢？

第三小组代表：因为磁铁有磁力，可以吸住铁的螺丝钉和铁钉，并能与铁罐粘在一起。

生再问：那为什么还有声音呢？

第三小组代表：可能是磁铁磁力不够吧。

生（第六小组）：请问第四小组，你们的方法与第一组是一样的，第一组没有发出声音，你们组却发出声音呢？

第六小组代表：我们刚检查过，是有一颗小螺丝钉没有包好，跑出来了，所以有声，第一小组包得比我们好。

（学生们发出一阵笑声）

（评：学生这种笑，并不是一种恶意的笑，而是对同学的一种认同、指出与鼓励的笑）

生（第四小组）：请问第六小组的同学，用水这个方法我很想知道，你们是怎样想出来的？

第六小组代表：这个是文锋同学提出来的，我们都觉得比较好，所以采用了这个方法。

生（第一小组）：文锋同学，你可以说说是怎样想出来的吗？

文锋同学：是妈妈跟我说的，半桶水会响，一桶水是不会响的，于是我就试着看看。

生（第二小组）：你们小组有没有试过用半罐水呢？

第六小组代表：有，半罐水的时候一摇动，就会听到很明显的水声，但我们装满水，再盖上盖子，就听不到水声。

生（第五小组）：那你们的发声罐为什么还有声音呢？

（过了一会）

第六小组代表：这个问题我不懂，有谁可以帮帮我？

生（第三小组）：这是罐子里的螺丝钉响。

生（第四小组）：螺丝钉为什么会响呢？

生（第六小组）：我们刚才摇的时候也感觉到是螺丝钉碰到发声罐响。

生（第一小组）：螺丝钉会动，那罐子里的水会不会动呢？如果会动，那水也会振动，也会使发声罐发出声音呀？

（又过了一会）还是没有同学回答，这时学生用求助的眼神看着我。

第六小组代表：这个问题我们请老师帮帮忙好不好？

生（全体）：好！

师：当罐子装满了水后，我们在摇动罐子的时候，水是不会发生振动的，只能是流动，水流动会带动水里的材料运动，材料运动碰到罐子，是会产生振动的，所以有一点点声音。

生：老师，我不明白水的流动和振动有什么区别？

师：好，这个问题因为我带的材料不够，下一节我再和大家研究，或者你们回去用玻璃瓶装上一些水做做实验好不好？

生无奈：好——

师：谁能说出发声罐声音变小的原因？

生：利用一些材料，减小发声材料的振动。

师：可以简洁一些？

生：减小发声材料的振动。

（评：这个活动能充分体现在教师引导下学生的主体地位。从学生的实验活动开始，一直到答辩、讨论都是由学生自己提出问题，解决问题。同时也体现了学生对科学的态度是实事求是的，例如："这个问题我不懂，有谁可以帮帮我？"同时也体现了教师是学生学习的伙伴，例如：遇到解决不了的问题时，向教师求助。当学生提出："螺丝钉会动，那罐子里的水会不会动呢？如果会动，那水也会振动，也会使发声罐发出声音呀？"我只是利用自己已有的知识进行解答，并不能提供有效的证明，只能说："这个问题因为我带的材料不够，下一节我再和大家研究，或者你们回去用玻璃瓶装上一些水做做实验好不好？"我觉得我在备课时没有充分考虑学生在做实验中可能出现的现象与提出的问题，这一点有待加强。）

师：你们认为哪个小组的方法比较好？为什么？

生1：我认为第一、第二和第五小组的方法好，因为声音是最小的。

生2：我认为第五小组的方法比较好，因为他们是利用废纸来做的，比较环保。

（一阵笑声）

（评：这是一种认同的和赞美的笑声。）

生3：我认为第二小组的方法最好，因为他们用磁铁，更方便，更环保。

生4：为什么你这样认为呢？

生3：磁铁用了可以再用，不会浪费呀！

生5：我认为第六小组的方法好，因为我想不出，他们想得出来。

……

师：其实你们的方法都好，但是快捷方便又环保更好。

（这时，下课铃响了！）

……

（评：教师的一个问题："你们认为哪个小组的方法比较好？为什么？"又再次掀起学生开展讨论的热情，这个问题是及时的、必要的，因为这是对学生作品的一个评价，一个肯定，为今后的实验打下信心的基础。）

**评：**

较好的地方有：

（一）积极创设情境是搞好每一个环节的关键

要研究任何一个问题，首要的是兴趣，浓厚的兴趣是研究的基础，是教学成功与否的关键。例如：针对小学生好奇心强的心理特点，我利用多媒体播放两段不同声音的对比引入本课。这样的情境创设，能使学生感受到噪声和乐音的区别，更能引起学生对声音研究的兴趣。另外，在教学过程中，让学生进行小组活动、集体评议与答辩，为学生创设了一个良好的学习氛围，在良好的学习氛围中，学生表现为积极提出问题与解决问题。

（二）教师引导恰当，才能发挥学生的主体作用

教师的引导极为重要，教学活动是师生的双边活动，学生是教学活动

的主体。教学活动的最终目的是使学生在原有的基础上提高一步。因此，在教学过程中，教师要教给什么，怎样教，教师的引导极为重要。例如：在两次辩论前，教师分别通过两句话引导学生进行辩论。在交流与答辩过程中，充分体现了学生的主体地位。

（三）让学生进行答辩能触发学生思维的发展

从整个答辩过程中可以看到：答辩可以为学生提出问题和解决问题提供空间，在一问一答的过程中，促进了学生思维的发展。因为答辩中，你一言我一语，问与答双方展开了有根有据的辩论，同时学生必须要经过思考才能提出与回答问题，因此，学生答辩，既是个体与集体的交流，也是个体与个体的交流。答辩过程中，也可以培养学生的应变能力，并实现共同提高。答辩中还能收获教师想不到的问题，让学生更大胆地问，想办法去问，想办法去答。

（四）给学生多一点空间，会有意外收获

学生是学习的主人，给学生多一点空间，会有意外收获。我们追求的是质和量，但我认为，我们的科学课，质更重要。因为科学课的主要目的是培养学生的科学素养，以及提出问题和解决问题的能力。在活动过程中，我放了大量的时间讨论、实验，给了学生相互探讨和交流的空间。从学生的答辩中可以看出，给学生多一点空间，是成功的。案例在第六小组的一个与众不同的实验中，引起一连串的问题。如："第六小组为什么用水？"为什么能想出这种办法呢？"同时水装满了为什么声音会变小呢？"水装在罐里难道不会振动吗？"我只是利用自己已有的知识对学生提出的问题进行解答，并不能提供有效的证明。学生能提出这样的问题，证明了学生的思维极为活跃，证实给学生多一点空间，会有意外收获。

（五）培养学生做实验的严谨性是必要的

培养学生做实验的严谨性是必要的，为什么这样说呢？因为学生在每一次实验前先讨论，再进行实验。实验前的讨论中，其实质也包含了一系列的猜测，我们在做任何一个科学实验前，必须有一个猜测，至于猜测得正确与否，那就需要通过实验再证实。同时，学生讨论和实验的过程，其实也是一个合作与交流的过程。实验的严谨性有利于培养学生良好的实验习惯，形成学生探索科学问题的科学素养。

（六）根据实际情况，让学生自带材料，有利于学生提高解决问题的能力

学生自己找材料，是教学中不可缺少的一个环节。本节课前我要求学生自带一个罐子、一些铁钉、螺丝钉和玻璃球，等等。因为，在要求学生自带材料的过程中，学生所需材料并非都是现成的，必须要自己寻找。于是在寻找材料的过程中，想办法解决问题的思考是少不了的。

# 第三章

# 创新创客课题研究

# “头脑奥林匹克教育的理论和实践研究”研究报告

## 一、研究背景

当前，为贯彻素质教育的精神，大多数学校把创新教育引进课堂。头脑奥林匹克活动是一项国际性的培养青少年创造力的活动，这一活动很好地体现了创新教育理念，故此，本研究就围绕20世纪以来，美国新生的这种促进学生终身发展和创新发展的教育模式——头脑奥林匹克创新教育展开实践探索与研究，以期为我国的头脑奥林匹克创新教育提供理论上的参考及实践上的借鉴。

## 二、研究目标

### 1. 学生发展目标

通过开发头脑奥林匹克创新教育校本课程，培养学生的创新意识、创新精神、创新能力和协作能力，发展学生的科学素质。具体学习目标如下：

（1）知识目标：学习头脑奥林匹克创新的意义、方法、要求和内容。

（2）能力目标：通过开展以“我的创新点子”“我的创新设计”“我的创新展示”和“我的创新作品”为主题的一系列活动，尤其是其中“我的项目的创新点”和“对项目的改进建议”训练，对提高学生的发现能力、分析能力和创新能力效果显著。

（3）科学行为、情感目标：①通过教育，树立团队精神、创新行为，尝试改善人际关系、生活质量和学习质量；②通过教育，提升创造力和艺术素质，激发爱科学、爱艺术的热情；③通过教育，培养“没有最好，只有更好”的头脑奥林匹克精神，处事有追求完美的意识和行动。

2. 教师发展目标

通过开发头脑奥林匹克创新教育校本课程，提升教师的课程意识和科研意识，提高教师的科技创新教育能力、课程建设能力和科研水平。

3. 学校发展目标

建立适于农村中学开展头脑奥林匹克创新教育的内容方法、管理模式、评价体系和保障机制，凸显我校的头脑奥林匹克创新教育特色。

## 三、研究内容和方法

### （一）研究内容

1. 开发头脑奥林匹克创新教育的内容及研究

（1）头脑奥林匹克创新教育的课程规划、课程安排及内容。

（2）头脑奥林匹克创新教育的实施方案。

（3）头脑奥林匹克创新教育的评价体系。

2. 头脑奥林匹克教育的发展及成果推广研究

（1）头脑奥林匹克创新教育对学生可持续发展和科学发展的影响。

（2）头脑奥林匹克创新教育的校际合作与交流、成果运用与推广。

3. 头脑奥林匹克教育特色创建及研究

（1）头脑奥林匹克教育的师资团队建设，包括团队的相对稳定及事业心、责任心与能力建设。

（2）头脑奥林匹克协会的社团建设，包括头脑奥林匹克协会的章程制度、干部竞选、活动策略。

（3）头脑奥林匹克教育的精品建设，包括头脑奥林匹克活动的组织保障、场室保障、经费保障、成绩保障、鼓励性措施。

4. 开发头脑奥林匹克创新教育的机制研究

（1）头脑奥林匹克创新教育的管理机制。

（2）头脑奥林匹克创新教育的评价机制。

（3）头脑奥林匹克创新教育的保障机制。

### （二）研究方法

1. 行动研究法

在头脑奥林匹克创新教育的研究过程中，对教育过程中存在和出现的需要解决的问题，经过精心设计转化为研究课题，通过“问题—设计—行动—总结（反思）”等探索，通过实验检验与对比分析，总结、完善获得解决问题的科学认识和操作经验，改进教育实践，不断构建和完善课题研究的实践和理论体系。

**2. 案例研究法**

通过纵向的系统跟踪研究头脑奥林匹克创新教育中的各种典型案例，提炼其中有利于头脑奥林匹克创新教育的精髓，归纳整理出有效的创新教育模式。

**3. 文献分析法**

作为学习理论、收集信息的主要方法，其中信息资料主要来源于教育理论书籍、报刊以及网络下载的相关案例等资料。通过对这些文献资料信息的分析与研究，确定研究方向，制订阶段研究目标与实施方案，在课题研究过程中不断修正研究的方向。

**4. 调查研究法**

利用问卷调查、个别访谈等方式，了解我校头脑奥林匹克创新教育的现状、实施情况和研究效果，为科学分析、科学决策、科学改进和科学结论提供依据。

## 四、研究过程

表 1

| 阶段时间 | 解决的问题 | 解决的方法 | 标志性的事件 |
|---|---|---|---|
| 1. 准备阶段（2011.3—2011.8） | 如何成立课题研究小组 | 成立课题组 | 成立课题研究小组，进行任务分工 |
| | 项目可行性如何 | 调查和分析资源 | 进行头脑奥林匹克创新教育的可行性调查，并提出实验研究的假设 |
| | 怎样有实施方案 | 制定方案 | 制定课题实施方案和项目发展规划 |
| | 如何使教师明白研究任务 | 组织开题报告 | 进行开题报告和任务分工 |
| 2. 实施阶段（2011.9—2014.7） | 怎样进行课程建设 | 课程规划 | 课程的发展规划和项目安排表 |
| | 内容哪里来 | 自己建设 | 管理制度、过程监控和实施评价 |
| | 如何解决与实践研究相关的问题 | 开展研究交流 | 进行专题讲座、沙龙等研讨和交流活动 |
| | 如何做好跟踪 | 进行效果跟踪 | 进行课题实验研究的效果跟踪与评价 |

续表

| 阶段时间 | 解决的问题 | 解决的方法 | 标志性的事件 |
| --- | --- | --- | --- |
| 3. 深入实施阶段（2014.9—2016.8） | 如何完善内容 | 充实内容 | 完善头脑奥林匹克创新教育内容 |
| | 如何完善机制 | 完善机制 | 完善头脑奥林匹克创新教育运行机制 |
| | 如何评价效果 | 进行评价 | 进行项目的内容评价和效果评价 |
| | 如何总结经验 | 进行总结 | 形成阶段性研究报告 |
| 4. 总结检验阶段（2016.9—2018.3） | 如何形成和总结成果 | 开展调查和总结 | 召开总结会 |
| | 成果体现在哪 | 成果总结 | 形成研究论文、案例和研究报告 |
| | 成果如何检验 | 开展调查，检验成果 | 调查本项目对学校发展的影响，完成调查报告 |
| | 如何推广成果 | 进行推广 | 1. 召开成果交流会和推广会<br>2. 向前来参观和跟岗的校长和老师推广经验 |
| | 如何鉴定成果 | 成果鉴定 | 组织专家进行课题结题鉴定 |

## 五、实践做法

我校头脑奥林匹克创新教育是从素质教育的视角出发，基于多元智能理论、创新教育理论、活动教学理论进行的具有创造性的实践研究。通过分析文献资料以及总结课题研究过程中所形成的措施，我们将头脑奥林匹克创新教育的实践分为八个方面，它分别是：硬件保证、学生选拔、师资配备、课程设计、教学评价、参赛策略、社会支持和专家指导。我校通过这八个方面的系统实践，头脑奥林匹克创新教育朝着理想的方向前进。

### （一）头脑奥林匹克创新教育的硬件保证

硬件设施是开展头脑奥林匹克的保证。我校开展头脑奥林匹克活动有训练场室三间，一间为科技制作室，一间为艺术创新与排演室，一间为即兴题训练室。我们有可以三支队伍约 30 至 60 人同时开展活动的场室。有一批能满足开展本项活动的一批设施和设备，如机床一个、电锯一个、电刨一个，常用化工材料、电工材料和工艺材料一批。

## （二）头脑奥林匹克创新教育的学生选拔

### 1. 选拔

我们在选拔学生时，首先发动各班学生报名参加学校头脑奥林匹克协会，然后在班主任和家长的支持下，把各班具有科技和艺术创新天赋的同学在自愿的基础上选拔 20 名至 30 名组建学校的头脑奥林匹克协会。具体选拔依据和原则如下：

（1）选拔依据：第一，对头脑奥林匹克的兴趣和爱好；第二，创造力和艺术才能的基础；第三，家长支持参加本项活动，愿意出资支持自己孩子参加国内外比赛。

（2）选拔原则：第一，有利于挖掘学生创造力。对于有创造力天赋的学生我们优先考虑成为培养对象；第二，有利于鼓励学生参与。对愿意参加本项活动的要表扬和鼓励，使其即使不能参加比赛为校争光，也可成为学校头脑奥林匹克协会成员，做本项目的支持者、宣传者和推动者；第三，有利于学校出成绩。对于家长愿意出资支持自己孩子到国内外比赛的要优先鼓励，以争取成绩为国争光。

### 2. 分组

根据长期题的训练需求，我校将头脑奥林匹克协会成员分 2 至 3 个小组，并选出组长以及确定角色分工。在此基础上分小组活动，进行即兴题训练，搜集、整理各种训练信息资料，进行小组合作学习。如在 2009 年的头脑奥林匹克教育活动中，我们首先根据上海提供的全国参赛长期题的要求，在教练指导下解读，组织全体协会成员研讨，提出创意设想方案，讨论确定最终方案；其次根据长期题的方案，分成 2 个活动研究小组（每个小组约 20 人），他们分别进行“露营车”和“飞行表演”两个课题研究。然后围绕“露营车”和“飞行表演”两个研究课题，研讨具体实施方案，进行创作和制作；接着，在不同地点分小组交叉进行长期题和即兴题训练，其中长期题的制作和艺术展现分两次完成；最后，各小组进行长期题的展示演出，并根据领导和老师提出的看法和建议，修改并确定全国参赛方案。由此可见，头脑奥林匹克创新教育的全过程都是以小组为单位进行的，这在很大程度上提升了学生的团队合作能力。

## （三）头脑奥林匹克创新教育的师资配备

头脑奥林匹克活动要发展，关键是师资队伍，没有合格的教师，也就没有好的工作成果。加强本项目师资队伍建设，提升教师育人意识与专业技能，是当务之急，也是我们的工作重点。因此，我们学校不仅配备了头脑奥林匹克指导教练，而且还外聘上海头脑奥林匹克协会主席及指导教练来我校指导，总结与交流训练进展情况，找到训练的闪光点和不足之处，研究改正措施。关于头脑奥林匹克创新教育的师资建设方面，我们认为应该要注意以下三个方面：

**1. 夯实教师的知识基础**

作为教师，首先要求自己具有广博的知识。对于头脑奥林匹克竞赛而言，由于涉猎广泛，而教师不可能是一个全才，所以教师可以针对某一方面，加以学习与研究。这样，学生见到自己的教师具有相对广博的知识，会激发和调动学生的学习欲望。

**2. 有较强的心理学基础**

学生在竞赛过程中，可能会遇到很多的心理问题。对于要解决的问题可能会出现挫折感、失落感等不良情绪。教师应该在这个时候多给学生鼓励，了解青少年的一些基本的心理特征，做到有的放矢。另外教师要运用心理学知识，注意学生的个性偏好发展，这样在队员选拔和活动指导的时候，才能根据他们自身特点，发挥他们最大的优势。

**3. 做研究型和创新型教师**

做研究型和创新型教师，是课程改革后提出的。担任头脑奥林匹克教育的教师更需要向着研究型和创新型教师的方向努力。因为头脑奥林匹克竞赛的一个宗旨就是培养学生的创造力和表现力，在平时训练和比赛中几乎全部要求学生要有研究和创新的意识、眼光和能力，作为指导教师缺少创新和研究的能力是很难想象可以胜任的。

### （四）头脑奥林匹克创新教育的课程设计

**1. 课程目标**

头脑奥林匹克创新教育的课程目标：一是学习基本的头脑奥林匹克创新知识和技能，提升学生的科学素养；二是培养对头脑奥林匹克创新的兴趣和爱好，初步形成关注头脑奥林匹克创新的习惯；三是具有良好的科学素质，表现出头脑奥林匹克创新的能力与科学探索精神。具体的学习目标如下表：

表 2　头脑奥林匹克创新教育的学习目标

| | | |
|---|---|---|
| 学习目标 | 知识与技能 | 1. 拓展学生的头脑奥林匹克创新实用知识、前沿知识、关注身边头脑奥林匹克创新发展 |
| | | 2. 学习和掌握头脑奥林匹克创新的基本方法 |
| | | 3. 提高学生的观察能力、创新思维和实践创新能力 |
| | 过程与方法 | 1. 参与科技术活动，在探究、体验、互动中获得头脑奥林匹克创新知识 |
| | | 2. 学习、掌握和应用头脑奥林匹克创新的基本方法 |
| | | 3. 进行头脑奥林匹克创新活动、探究活动和环保科技活动 |
| | 情感态度与价值观 | 1. 培养学生对头脑奥林匹克创新的兴趣、爱好，发展个性特长 |
| | | 2. 具有关注头脑奥林匹克创新的意识，养成良好的科学态度、科学道德、科学意识 |
| | | 3. 形成正确的科学发展观，发展创新型人才所需的科学素养 |

**2. 课程开发**

头脑奥林匹克课程的开发，直接影响和决定着本项活动的创造性教学的效果。尤其在初期阶段，指导老师遇到最突出的问题主要有两个，一个是对头脑奥林匹克活动的创造性解题的理念的贯彻还不能驾轻就熟地把握好，需要根据头脑奥林匹克创造性解题的特点精心设计教案，摸索每一节活动课的创造性活动的内容，探究头脑奥林匹克题目的解题过程，以完成创新教学的目标；另一个是缺乏可利用的课程资源，头脑奥林匹克设计了大量的创造性题目，指导教师课前要花费一定的时间和精力采集头脑奥林匹克活动的各类型的题目，才能对学生进行创造性解题的训练。为此，开展头脑奥林匹克活动，必须利用各种渠道开发头脑奥林匹克课程资源，并广泛采集、立体开发，形成头脑奥林匹克资源库，并实现资源共享。基于以上认识，再结合新课程改革以及学生发展的需要，我们采用“改编、新编”两种方式开发了“头脑奥林匹克创新校本课程”。改编是教师根据学生的实际情况和学校或当地的现实条件，对已有的头脑奥林匹克创新教育教材内容进行局部的修改或结构调整；新编是指教师根据需要而开发的全新的课程内容。

**3. 课时安排**

由于现在的课余负担沉重，学生大部分时间被繁重的课后作业、各种辅导占据。如果让学生拿出一部分时间，家长固然不会满意。面对这样的情况，我们开发的头脑奥林匹克创新教育校本课程，总课时数为每学年 2 至 4 课时。另外我们还将头脑奥林匹克创新教育融入到学校的综合实践课程（地方课程）中去，这样可以不占用学生在学校的学习时间，还可以与学校其他课程有所联系。

**4. 教学内容**

我校根据形成的比较稳定的“头脑奥林匹克创新校本课程”，在不影响正常课程学习前提下进行形式多样、内容丰富、以创造力为核心的头脑奥林匹克活动，努力提高科学素质和创新精神，其中，部分内容、学习目标和要求如下：

**表 3　头脑奥林匹克创新教育的部分教学内容的学习目标及要求**

| 课程内容 | | 学习目标 | 学习要求 |
|---|---|---|---|
| 头脑创新 | 创意设计 | 1. 了解创意设计的含义和要求<br>2. 锻炼学生的创新思维和表达能力<br>3. 尝试进行创意设计或发明 | 对现有的学习方式、生活方式和健康状况等方面内容进行全方位的大胆设计。如“我一天的饮食设计”“我未来健康状况的设计” |
| | 头脑风暴 | 1. 围绕问题大胆发表自己观点和看法<br>2. 尊重和分析他人的意见和看法 | 围绕某一问题大胆发表自己的看法，展现超人的想象。如“恐龙灭绝的原因猜测”“动物庆典” |

**5. 教学形式**

我校头脑奥林匹克创新教育的形式是：交叉进行长期题和即兴题的训练。这种形式使动脑、动手得到均衡发展，科技与艺术创新相结合，个人创新与团队合作相结合。我们力求体现融自然科学与人文科学为一体，注重科学与艺术的结合，体现“群体协作能力、人才优化组合”的竞争机制，强调思维的流畅性、灵活性和独创性，努力创设有利于创造思维的环境。在即兴动手训练中，以“制作一个能承受一只网球的支撑架”为例，说明如下：

提供材料：1 张 A4 纸、4 根吸管、6 张标签纸、10 根牙签、2 根橡皮筋、2 支铅笔

训练或比赛要求：10 分钟内完成制作（当时间剩下 1 分钟时监考员会提醒）。支撑架必须立在桌面上规定的方框内。网球必须在支撑架的顶端。

评分标准：1. 在支撑架能支撑起网球的基础上，以网球最下端到桌面

的距离；2. 制作的创新说明（包括说明项目的创新点、不足或改进之处）加 1~5 厘米长度作为合格；3. 团队合作加 1~5 厘米长度作为合格。

**6. 教学过程**

（1）活动步骤

我校头脑奥林匹克创新教育的整个活动过程，主要包括如下五个活动步骤：启动和准备——成员选拔——探索和训练——比赛和展示——总结和评价，我们称它为“五步曲”。以 2013 至 2014 学年为例，活动步骤介绍如下：

第一步，启动和准备。主要任务是组建学校头脑奥林匹克领导小组和教练团队。具体内容主要有：决定行政的项目主管，选拔教练和任务分工，与上海和美国联系，获取每年最新的比赛内容。然后集中师生进行长期题和即兴题的解题和训练。

第二步，成员选拔。主要任务是从各班级优秀分子中选拔科技精英组建头脑奥林匹克校队。具体内容主要有：在班主任和家长的支持下，把各班具有科技和艺术创新天赋的同学在自愿的基础上选拔进入头脑奥林匹克协会校队。

第三步，探索和训练。主要任务是对校队进行训练。在不影响正常课程学习前提下进行形式多样、内容丰富、以创造力为核心的头脑奥林匹克活动，努力提高科学素质和创新精神。具体内容主要有：交叉进行长期题和即兴题的训练，使动脑、动手能力得到均衡发展，科技与艺术创新相结合，个人创新与团队合作相结合。

第四步，比赛和展示。主要任务是组织学生参加头脑奥林匹克创新比赛和成果展示。具体内容主要有：第一，组织学生到上海参加全国头脑奥林匹克创新比赛；第二，在获得代表我国出国参赛资格的前提下继续培训，组织学生到美国参加世界头脑奥林匹克比赛。

第五步，总结和评价。主要任务是分析本次活动和比赛情况，总结评价活动过程和结果。具体内容主要有：第一，分析我校在全国比赛中的表现，考虑因地区、民族等文化不同而造成的评价差异而调整训练内容，寻找作品的最佳创新点和艺术展现方式；第二，请全国专家到我校指导，指导我校头脑奥林匹克的开展，总结与交流训练进展情况，找到训练的闪光点和不足之处，研究改正措施。

（2）教学程序

我校头脑奥林匹克创新教育的一般教学程序是：创设问题——→制订方案——→探索解决——→互动交流——→展现评价。以即兴题“用一张A4纸叠高”的教学训练为例说明如下：

①创设问题：头脑奥林匹克创新活动均从提出问题开始。在“用一张A4纸叠高”的活动时，提出的问题可以为：怎样才能使一张A4纸叠得更高？

②制订方案：大家围绕问题献言献策，然后制订一个以上的解决方案。如一张A4纸进行剪裁后制作成一个三角形或圆筒形的结构。

③探索解决：围绕解决方案，大家分工合作，尝试完成第一个解决方案。不可行或不理想就改进，真的不可行就用第二个或备用方案。如先制作一个呈三角形直立的结构，纸间用折扣以固定。

④互动交流：先进行小组内交流，再在小组之间交流，发表自己的看法和建议。

⑤展现评价：展现和介绍创作成果，介绍项目创新，包括说明项目的创新点、不足之处及改进措施。

**（五）头脑奥林匹克创新教育的参赛策略**

我校在积极开展普及性创新教育实践活动的基础上，重视优秀学生的重点培养与组织参赛。我校为创新潜质突出的学生提供了相应的研究项目，初步形成青少年创新人才的发现和培育机制，给他们的脱颖而出创造一系列条件。我们从学校挑选出一批优秀学生，参加头脑奥林匹克创新比赛和成果展示。具体参赛内容主要有：第一，组织学生到上海参加全国头脑奥林匹克创新比赛；第二，在获得代表我国出国参赛资格的前提下继续培训，组织学生到美国参加世界头脑奥林匹克比赛。我们的参赛策略主要如下：

**1. 参赛队员选拔**

我校从头脑奥林匹克协会训练队选拔一批队员去参加全国和国际比赛。选拔参赛队员的考虑因素主要有三个方面：一是学生的创造力和艺术才能天赋，因为这方面因素往往决定着比赛的成绩；二是考虑学生的家庭能否支撑比赛费用，因为这往往在学校经费紧张情况下决定着能否去美国参加比赛；第三是学生的心理素质，因为学生再聪明，创造力再好，如果心理素质不好，就会在比赛中表现不佳。

2. 参赛队员管理

如何管理好参赛队员，使其在比赛时发挥最佳状态，这需要领队和教练的指导和管理。为此，我们制订了一些在美国比赛期间的管理条例。如执行新的作息时间，新的排练内容和安排，新的模拟比赛排练，新的生活起居的卫生安全。

3. 参赛制胜谋略

几年的参赛经验告诉我们，要在世界性比赛中取胜，除了平时加强训练，提高应变能力外，赛前及赛场的一些细节至关重要。这方面我们主要从如下几方面做好：一、按比赛时间要求提前两三天到达赛场，以适应我国与美国由于时间差造成的作息时间的变化以及东西方文化不同造成的饮食习惯的改变；二、赛前带领队员熟悉赛场，消除陌生感；三、赛前对队员进行心理辅导，消除紧张感、焦虑感，防止出现意外，并做好临场机智应变的心理准备；四、做好赛场展现安排：提醒从哪里进和从哪里出，队伍的出场顺序；五、交代一些注意事项：如说话和对答时的礼仪。这些细节往往被人们忽略，但在现场比赛和打分中至关重要。

（六）头脑奥林匹克创新教育的教学评价

我们的教学评价分两方面来谈，一是对教师的评价，以达到督促、检查、肯定和奖励教师的目的；二是对学生的评价，以期了解学生、检查学生，激励学生向着我们期待的方向发展。

1. 对教师的评价

对教师的过程性评价主要看工作态度、投入情况和创新精神，有计划、有教案、有学生活动记录和评价。这与教师的校本课程奖励项目、学期或年度考核直接挂钩。终结性评价主要看学生的获奖情况，这与教师奖金直接挂钩。对老师的过程性评价内容如表 4：

表 4　对老师的过程性评价

| 评价项目 | 权衡分值 | 自我评价 | 团队评价 |
|---|---|---|---|
| 制订项目计划 | 10 | | |
| 编写教材或教案 | 15 | | |
| 组织实施的投入 | 20 | | |
| 对学生的评价 | 10 | | |
| 教练团队的协作 | 10 | | |
| 工作的态度和总结 | 10 | | |
| 对项目创新的贡献 | 25 | | |
| 综合评定 | | | |

2. 对学生的评价

对学生的评价，我们遵循如下原则：

第一，要有利于促进学生的创新发展，有利于提高学生创新意识和竞争能力，提高学生的科学素质。

第二，要有利于鼓励学生解放思想，大胆创新。如只要能参与发言或上交相关创新作品，就适当给予表扬和肯定，不以对错的唯一答案来评价。

第三，要有全局和整体思想。如按照活动中各个环节的不同情况，各层次学生和不同个性学生的需求，综合考虑评价的内容、形式。

在评价方式方面，我们形成了自己的特色，提出并实施的一个重要做法就是过程性评价。过程性评价与形成性评价是相对应而言的，过程性评价是在学习者开展学习的过程中对学生进行评价，而形成性评价虽然也关注学习的过程，但是更注重的是学习的结果。过程评价的过程中伴随着一些量化的评价，但就其主要方面来看还是比较关注质性的评价，而形成性评价更关注的就是量化。我们每周和每月评比一次，评价以学生自评、小组评、教师综合评价相结合的方法，对学生参与的积极性，探究过程的创新性、协调性、科学性、有效性等方面进行过程评价，对学生的情感态度、知识技能、科学方法和活动成果进行综合评价。

具体评价内容可以参见附件 1：对学生的评议：A. 每周学生个人评议；B. 每周学生小组评议；C. 每月教师对学生的评议。

**（七）头脑奥林匹克创新教育的社会支持**

我校头脑奥林匹克创新教育能取得优异成绩，除了自身努力外，还离不开社会各界的大力支持，包括资金支持、政策支持、舆论支持。其中资金支持方面主要有：第一，当地教育主管部门的支持。如九江镇教育局为我校每次到美国参赛提供了专项资金和奖励超过 20 万元，南海区教育局也多次给予我校奖励，最多一年就奖励我校 25 万元；第二，当地热心企业的支持。九江酒厂每年赞助我校头脑奥林匹克活动，特别是对有困难的优秀参赛学生，给予了全额或部分的资金资助；第三，学生家长的支持。对于学生到美国参赛所需资金超过 2 万元，全部单靠学校和社会支持很难解决，需要家长的理解和支持。我校每次到美国参赛，学生每人一般自费为 1 万元，其他的由学校支持。社会各界的资金支持，为我校头脑奥林匹克活动的开展，特别是到美国参赛提供了保障。

### （八）头脑奥林匹克创新教育的专家指导

我校头脑奥林匹克创新教育能取得优异成绩，除了重视本校教练团队建设，发挥自身教练作用外，还得到了各级领导和专家的悉心关怀和热情指导。我校多次邀请全国头脑奥林匹克总教练王亦民、陈伟新到我校亲临指导。专家开拓的视野和独特的创新眼光给了我们很多很好的启发和指导，使我们了解了本项活动或大赛的最新信息、动态和发展趋势，也让我们树立了到美国参赛的信心和克服困难的勇气。

综上所述，头脑奥林匹克创新教育实践的有效开展主要包含八方面的内容，分别是硬件保证、学生选拔、师资配备、课程设计、教育评价、参赛策略、社会支持以及专家指导八个方面。这八个方面的系统联系，相互作用共同支撑了头脑奥林匹克创新教育的顺利开展。具体如图 1：

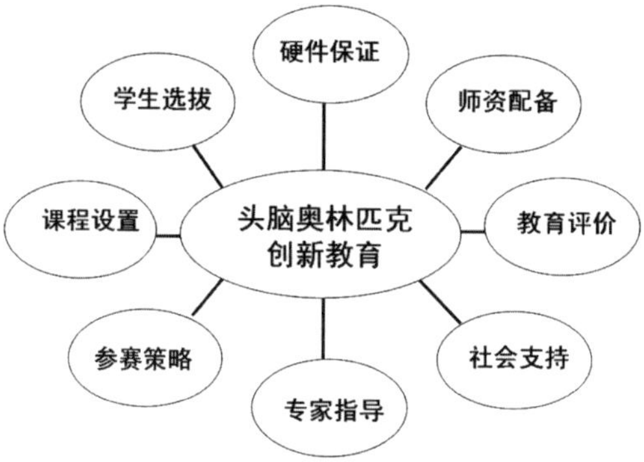


图 1　开展头脑奥林匹克创新教育实践包含的主要内容

## 六、研究成效及分析

本研究始终围绕着一个基本问题展开研究：怎样开展头脑奥林匹克创新教育？为此，在多元智能理论、创新教育理论、活动教学理论的指导下，通过持续六年多“头脑奥林匹克创新教育的实践研究”课题的开展，本研究取得了如下成效。

### （一）头脑奥林匹克创新教育有助于学生的综合发展

#### 1. 增长了知识

英国科学家波兰尼认为，人类的知识有两种，一种是用书面的文字、图标或数学公式表达出的知识，即能够用各种语言符号加以表述的知识，称为言传知识。另一种是非系统阐述的知识，能够把握经验，重组经验，对理智进行控制，使学习者相信被理解的知识才是真的，并使学习者知道什么样的外在知识可以内化成内部知识，称为意会知识。

在头脑奥林匹克创新教育实践中，学生学到的不仅仅是教师传授的书本知识，而且还学习到了非系统阐述的知识，这是在课本上所学不到的，例如学会如何设计方案，团队如何合作等，对于非系统阐述的知识，学生们通过“实践操作——经验积累——知识形成——指导实践”这一不断循环的科学认知逻辑模式，形成了对自身知识的积累与更新。参加头脑奥林匹克活动的同学在自己的感悟和心得中一致认为，他们学到了书本上学不到的知识，开拓了视野。

**2. 提高了能力**

头脑奥林匹克创新教育一方面丰富了学生的知识含量，另一方面也促进了学生能力的提高。知识的获得是有限的，而能力的获得却是受用不尽的。在头脑奥林匹克创新教育中，突出了学生的主体地位和实践层次，培养了学生的动手能力、合作能力等方面的能力。

（1）提高了动手能力

我国教育学家陶行知曾说过：“中国教育之通病是教用脑的人不用手，不教用手的人用脑，所以一无所能。中国教育革命的对策是手脑联盟，结果是手与脑的力量都可以大到不可思议。”可见动手实践问题在很早以前就是中国教育亟待解决的问题。学生在动手实践的同时还会增加学生对已有知识的理解，增强他们的好奇心，不断动手实践的过程也是他们不断探索的过程。

头脑奥林匹克创新活动中，有较为新颖的、有技术含量的，并且能激发学生学习兴趣的题材，这使得学生具有了动手的所谓的“原动力”。在头脑奥林匹克竞赛过程中，所有的事情都需要学生自己完成。几乎每个环节都需要学生亲自动手，哪怕是一根导线，都需要学生自己去购买，挑选。可见有了这样的一个氛围和要求，学生也乐于去做。我校头脑奥林匹克队员吴宇森同学认为：“头脑奥林匹克培养了我的动手能力。”

（2）提高了合作能力

生活中，人们在很多情况下都要合作，以发挥更大的效力。那么在学习的过程中，合作就显得尤为重要：一方面，能够较为出色地完成学习任务，还能够使得学习者之间相互学习，相互鼓励，从而具有团体的荣辱意识；另一方面，可以使得学习者之间相互信任，建立更深的友谊。学习者之间还起到相互监督的作用，从而不断完善合作学习的机制。

在头脑奥林匹克竞赛过程中，全体队员需要共同完成一个任务。作为一个团队，在完成任务的过程中，需要将每个过程细化，然后下放到每个队员身上，这就需要队员们能够发挥各自的优势，来完成自己最适合完成的一部分，同样还得考虑到是否需要依托队友所提供的帮助，来完善自己的任务。在分工的过程中，还能够锻炼学生的领导能力。领导者需要有较强的大局观，能够掌控形式的变化，并能协调自己与队友之间的关系，这样才能让合作达到最大化。我校头脑奥林匹克队长刘天荣同学认为："学到了难得的创新与分享。因为我们在活动中，要求每想一个问题都要从不同的角度去思索，并尽快想到好办法与队员交流与分享。"头脑奥林匹克队员余倩桦同学认为："参加竞赛后，我明白了团队精神的重要性，没有团队精神，一群人在一起就会是一盘散沙，不会互相照应、互相配合、力使不到一处，这样的一群人战斗力是很弱的。"头脑奥林匹克队长梁焯业在获奖感言中说："参加头奥，使我收获良多，最多的是学会了如何创意和展现自我，学会了与团队的协作。"

（3）提升了竞争能力

无论对于哪一个企业或公司而言，它能否适应未来市场竞争的需要，并在激烈的市场竞争中生存和发展，关键取决于企业或公司的竞争力。头脑奥林匹克活动，处处讲究团队协作和创新，也讲究"没有最好，只有更好"的竞争精神，有追求完美的意识和行动。世界头脑奥林匹克竞赛，更是充分体现竞争，并且按成绩排名，只给各学段各项目的总分前三名颁奖，只公布前六名成绩，这样体现追求第一的竞争思想。

**3. 培养创新思维**

创造性思维是发散思维和集中思维的有机结合。发散思维（又称求异思维）是从某一点出发，不依常规，寻求变异，进行放射性联想的一种思维；而集中思维（又称求同思维）是对已知信息比较分析，概括出最优方案或共存的根本问题的思维，它是发散思维综合信息的反馈。因此，创造性思维不是从一般的思维定势出发，而是在多向、发散、比较的思维过程中进行的分析判断，在可能发生的事情中预想不可能，在不可能中寻求可能的途径。另外，创造性思维是在一般思维的基础上发展起来的，它是后天培养与训练的结果。

我们主要围绕学生的集中思维和发散思维，采取了一系列手段进行了培养。

（1）培养集中思维

培养学生的集中思维主要是培养学生抽象、概括及判断、推理的能力。教师在课堂教学中，不硬性要求学生记住一些规律，而是有意识地引导、帮助他们对教学中提供的材料和工具进行分析、综合、抽象和概括等思维加工。我们头脑奥林匹克训练中，经常启发学生多透过一些现象，抓住问题的本质特征，找出多样性中的统一性，特殊性中的普遍性。

（2）培养发散思维

激发学生的发散思维则是培养学生思维的流畅性、变通性、独特性。我们通过多角度、多侧面思考，提高思维的流畅性；利用变式或逆向思考，训练思维的变通性；用延迟思考，培养思维的独创性。例如，在培养学生发散思维的独特性时，我们教师设计了这样一个问题："1+1=？"，当题目一展现后就强调：这道题不仅希望大家能说出尽可能多的合理答案，而且要有独到的见解，所以大家不用急于说出答案。对于这道"看似简单又非简单"的题目，学生的思维很快就表现得相当活跃。在经过一番静静的思考后，回答的内容非常丰富，而且富有创意，例如：有的学生就说道："一对夫妇只生一胎，所以 1+1=3。"而有的学生则认为 1+1=11，因为两个 1 并排在一起就是 11，至此也有人提到身处 NBA 火箭队的姚明和麦蒂，觉得姚明在火箭的实力应该强过麦蒂，因为两个麦蒂才抵得上一个姚明（注：姚明的球衣号码为 11，而麦蒂的球衣号码为 1），另外也有同学想到 1+1=1，因为 1 堆沙加上 1 堆沙的话，还是 1 堆沙，等等。

经过头脑奥林匹克活动，同学的思维能力得到充分发展，正如队员杨佩欣同学所说："'头脑奥林匹克'给我智慧，创新使我聪明。"

**4. 提升学习品质**

学习品质是个体在学习过程中体现出来的精神风貌和个性风格。学习品质的构成要素是：学习认知、学习情感、学习意志、学习行为。"知、情、意、行"是内在的统一关系，认知是起点，行为是结果。我国古代教育家孔子说得好："知之者不如好之者，好之者不如乐之者"；"不愤不启，不徘不发”。狄更斯曾说过：“顽强的毅力可以征服世界上任何一座高峰。”基于此，头脑奥林匹克创新教育就非常注重学习情绪和意志的重要作用，注重对学生非智力因素的开发和培养，关心学生的心理和人格的健全发展，努力使学生养成良好的个性品质。例如，第27届世界头脑奥林匹克大赛的冠军得主苏晟章所带领的团队牺牲了无数个节假日，在学校领导的关心与老师的辛勤指导下，刻苦训练。在训练中，无论是教练还是队员都上下一心，为着同一个目标去奋斗，遇到困难时从不畏惧，从不灰心，努力追求“没有最好，只有更好”的境界，也因此，“信心、勇气、毅力”已成为了他今后学习与生活中的一句座右铭。

队员吴宇森同学认为：“头脑奥林匹克在多方面对我进行了磨炼，它改变了我的思维、为人处世的方式，甚至性格等。”队员林妤同学认为“头脑奥林匹克，锻炼机智；头脑奥林匹克，考验毅力；头脑奥林匹克，收获知识；头脑奥林匹克，收获情谊”。

**5. 锻炼反应机智**

机智是指脑筋灵活，能够随机应变。而我们传统的课堂教学是出些题目寻找标准答案，而头脑奥林匹克活动经常出些问题，要求每想一个问题都要从不同的角度去思索，这样十分有利于培养同学们的机智。如在即兴题训练时，我们很注重反应机智的训练；在模拟比赛或真实赛场中，我们十分注重培养同学的突发事件处理能力；在面对裁判提问和说明自己作品的创新点时，更是要有机智。因此，同学参加本项目活动后头脑显得灵活，具有创新思维。与没参加培训的同学比较，对事物的反映表现出明显的灵敏性，有自己的主见，受到了家长的普遍认可和社会各界的充分肯定。

**6. 树立头脑奥林匹克精神**

通过本项教育，能培养“没有最好，只有更好”的头脑奥林匹克精神，处事有追求完美的意识和行动。很多活动没有自己响亮的行动口号，而头脑奥林匹克活动就有。本项活动按照头脑奥林匹克精神，不断否定自己、挑战自己、丰富自己和完善自己。队长刘天荣同学带领的团队还发展和丰富了头脑奥林匹克精神，认为“创新与团结就是我们的头脑奥林匹克精神”，并说：“我感想最深的是我们在活动中的创新与团结。因为在比赛过程中，比的是我们队员的创新思维，冷静应战，还有就是队员的团结合作。不是我一个人解题，而是全队人来解题。”队员张嘉星同学认为：“头脑奥林匹克的创新精神和合作精神，令我们终身难忘。”并向同学们发出号召“让头脑奥林匹克精神伴随我们成长”。

**7. 建立自信心**

头脑奥林匹克很注意自信心的培养。在活动或比赛时，队员心中的一个念头就是“我能行”，面对困难、面对队友、面对挑战时，不断进行自我暗示，自我激励：“我一定会成功的。”当然学生在遇到特别疑难的问题或技术方面的问题，没有能力解决时，教师会给学生提供指导和帮助，这也使得学生充满了信心。我校队员吴宇森同学认为：“头脑奥林匹克教给我树立自信。头脑奥林匹克竞赛的长期题要求选手尽一切可能把自己的解题过程用表演的形式展示出来，这种表演要求队员像拍广告一样用最短的时间、最新颖的形式，甚至最夸张的表演，最彻底地向评委和观众展示自己的解题过程。因此头脑奥林匹克的比赛赛场就像话剧舞台一样，当我在这个舞台上向众人表演自己编排的‘话剧’时，我的自信心得到了空前的升华！”

综上所述，头脑奥林匹克这种新颖的、开发创造力的活动，是培养学生综合素质的有效载体，既能提高课堂教学质量，增长学生的知识储备，又能培养学生的动手能力、观察能力、思维能力、创新能力、分析问题和解决问题的能力，培养他们创新、献身、求实、协作的科学精神和严谨的科学态度，增强他们的科技意识，培养良好的科学素质，激发学生爱科学、学科学的兴趣和求知欲。也正基于此，学生在各项头脑奥林匹克大赛中取得了优异成绩。

### （二）头脑奥林匹克创新教育促进了教师的专业发展

从教师专业发展的角度看，教师的成长离不开教育教学实践，如果抛开学校去谈教师的发展或成长，那就失去了发展的基石和依托。因此教师的发展只能在学校、在具体的实践、在对自身实践的不断反思才能完成。通过开展头脑奥林匹克创新教育这一实践研究，教师从培训中获取了新的专业知识，在教学实践中反思成长，因而其专业发展得到了有效促进。有几组数据可对其进行说明。我校十个指导老师被评为世界头脑奥林匹克冠军教练，冠军教练冼奴远老师被评为佛山市优秀教师，叶耀词老师被评为南海区十佳教师，刘志伟老师被评为世界创意名师、全国优秀科技辅导员。我校教练也纷纷应邀在省内外做专题经验介绍，如叶耀词老师前年被推荐在全国中学物理创新教学研讨会上做“物理教学与头脑奥林匹克创新相结合”的专题经验介绍。

### （三）头脑奥林匹克创新教育推动了学校的科学发展

我校头脑奥林匹克创新教育有效推动了科技教育特色的发展，近六年我校科技教育成绩显著，获省级以上荣誉超过十项，其中主要有全国头脑奥林匹克活动先进组织单位、中国头脑奥林匹克活动实践基地、世界创意人才培养先进单位、中国创新型学校、广东省少年儿童科学体验活动示范学校。

综上所述，我校通过六年多的头脑奥林匹克创新教育实践研究，培养了一批批有个性、有特长、有较强实践能力和创新能力的优秀学生，提高了一批头脑奥林匹克教练的课程开发能力、创新教育能力、教育科研能力，促进了学校头脑奥林匹克创新教育特色的形成，也辐射和推广到省内外兄弟学校，正如所预期的那样带来了学生、教师、学校三方面的发展。

## 七、研究反思与展望

### （一）一些经验

我们在开展头脑奥林匹克创新教育的实践中边思考，边探索，取得了一些行之有效的方法和经验。除了上面介绍的一些具体的可操作性方法以外，主要还有：实施“一个模式”、贯彻“两个要求”和落实“三个到位”。

“一个模式”就是头脑奥林匹克创新教育的辅导模式，具体模式内容和流程如下：创设问题→制订方案→探索解决→互动交流→展现评价。

“两个要求”是指教学要求和评价要求。具体如下：

一是教学要求：以有效提高和发展学生的创新精神、创新意识为目标，创设有利于学生创新的教学环境，运用科技创新与艺术创新相结合的内容，开展动口、动脑、动手等活动。

二是评价要求：以鼓励性为主，鼓励参与。以“人无我有、人有我优、人优我奇”为评价标准，强调出乎意料而又合乎情理的科学想象和艺术表现。

“三个到位”是指规划到位、认识到位和管理到位。具体如下：

一是规划到位。实施规划是实施头脑奥林匹克创新教育的蓝图，它规定课程开设的计划、实施和评价等方面。我校在头脑奥林匹克创新教育方面搞得好，离不开科学的实施规划。

二是认识到位。人的认识决定人的行动，如果实施头脑奥林匹克创新教育课程的重要性、必要性和操作性没有被老师所认识和掌握，那么要取得成功是不可想象的。我校在实施过程中抓好了对教师的理论培训。

三是管理到位。我们的措施和要求是：精心制订课程计划，合理设计课程方案，认真指导课程活动，科学评价实施效果（包括对师生的评价和奖励）。

### （二）未来展望

未来，我们将继续巩固和发展本研究实践成果，使本项目的研究方法更科学、研究样本更大、研究深度更广。在现有的基础上进一步挖掘和拓宽头脑奥林匹克创新教育的新内容、新方法、新途径和新策略，深入开展头脑奥林匹克创新教育，进一步完善相应的教育体系、管理体系和保障体系，使其影响性更大、示范性更强和推广性更高，努力打造中国甚至世界的头脑奥林匹克创新教育品牌和实践基地。

**【参考文献】**

[1] 米克卢斯．头脑奥林匹克活动丛书：创新无止境[M]．上海：上海辞书出版社，2012.

[2] 陈伟新．挑战创造力：中国头脑奥林匹克活动20年[M]．上海：上海教育出版社，2007.

[3]朱正义，张志华．中小学特色化、多样化的理论与操作[M]．济南：山东教育出版社，2001.

[4] 黄显华，等．课程领导与校本课程发展[M]．北京：教育科学出版社，2005.

[5]徐玉珍．校本课程开发的理论与案例[M]．北京：人民教育出版社，2003.

# “基于初中生创造力发展的知识产权教育实践”成果报告

## 一、问题的提出

随着知识经济时代的到来，具有知识产权意识和创新精神是未来个人发展必备的核心素养。今天的青少年如果缺少知识产权教育，就会缺乏知识创新和知识保护的意识、能力和习惯，很难真正融入“大众创业，万众创新”的社会氛围，很难成为具有诚信道德观和价值观的合格公民。2002年，佛山市南海区在全国率先开展中小学知识产权教育试点工作，我校作为试点示范学校加入了此项教育改革行列。2004年以来，我校承担了国家知识产权局软科学研究项目“中小学知识产权教育相关问题研究”和教育部国家重点课题“影响中小学生创造力发展的个体、环境因素及其作用机制的纵向研究”的子课题，全面开启知识产权教育研究。

本项目实践是不断提出问题、探索问题和解决问题的过程。从开始的知识产权教育内容、教育评价研究，到后来的知识产权教育途径、教育方法、教育模式研究，再到后期的知识产权与创新教育的体系构建研究，不断拓展和丰富知识产权教育内涵，助推以培养学生创新精神为核心的素质教育发展。

## 二、解决问题的过程与方法

### （一）解决问题的过程

表1　知识产权教育相关问题的研究过程

| 起止时间 | 阶段任务 | 工作要点 |
|---|---|---|
| 2004.9—2005.1 | 1. 启动阶段：提出问题，制订方案，组建团队 | 提出问题：如何开展知识产权教育 |
| | | 提出“创新驱动，创新发展”的办学策略，进行知识产权教育的可行性分析，提出实验假设 |
| | | 成立课题研究小组，制订课题实施方案和项目发展规划 |

续表

| 起止时间 | 阶段任务 | 工作要点 |
| --- | --- | --- |
| 2005.2—2006.7 | 2. 实施阶段：校本课程开发，教师队伍建设，保障体系建设 | 建设保障体系 |
| | | 开发知识产权校本课程 |
| | | 建设知识产权与创新教育师资队伍 |
| | | 研讨和交流，探讨教育规律 |
| 2006.8—2009.7 | 3. 深入实施阶段：完善内容，评价内容，充实内容 | 完善知识产权教育内容 |
| | | 完善运行机制和激励机制 |
| | | 进行内容评价和效果评价，充实调整内容 |
| 2009.9—2010.2 | 4. 总结验收阶段：总结经验，提炼成果，鉴定成果 | 完成调查报告 |
| | | 提炼成果，形成研究论文、案例和研究报告 |
| | | 进行课题结题鉴定 |
| 2010.3—2019.6 | 5. 检验推广阶段：成果推广和检验 | 召开成果推介会和经验交流会，发表研究成果 |
| | | 向全国各地推广经验和做法 |
| | | 检验项目效果，根据实证效果修正工作 |

### （二）解决问题的方法

#### 1. 做好顶层设计

制订学校知识产权与创新教育发展规划，建立组织管理机构和教研制度。

#### 2. 项目推动发展

实施项目责任制，分块负责开发课程项目，拧紧责任螺丝。同时，为避免单打独斗，分享智慧和成果，创建以项目为纽带的知识产权与创客工作室，共同开发和共享课程资源。

#### 3. 建设评价和激励机制

把知识产权教育纳入专项管理，有检查和考核。在教师绩效奖励中设立专项奖以奖励知识产权教育及科研成果。对学生在科技创新活动表现优秀和取得优异成绩的给予奖励，如设立创新之星奖、科技标兵奖、小实验家奖，并在校报、校园之窗等给予宣传。

## 三、成果的主要内容

### （一）主要观点

（1）知识产权教育是发展学生创造力的重要载体。普及知识产权知识，能推动知识创新、激发思维创新、培养创新人格，十分有利于培养学生的科学素养。本项目实践有效发展了学生科学素质，对培养创新型人才具有借鉴作用。

（2）本项目构建了知识产权教育体系，包括保障体系、课程体系、实施体系。其中保障体系包括组织保障、制度保障和后勤保障；课程体系包括学科教学课程、活动拓展课程、社团兴趣课程；实施体系包括“1234”教育模式、“五个化”操作措施、“十个一”活动形式。知识产权教育体系如图 1 所示。

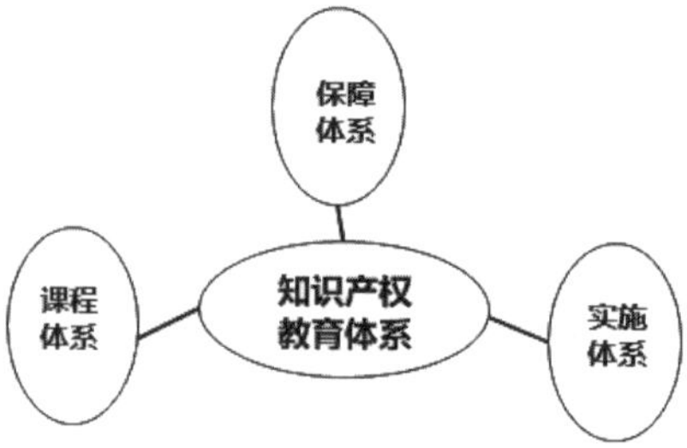


图 1　知识产权教育体系

（3）本项目构建的知识产权教育体系，经过六年实践探索、九年实践检验和成果推广，在我国产生了重大影响，对我国实施知识产权教育起到了示范引领作用。

## （二）教育体系

### 1. 保障体系

（1）组织保障：成立科技处和创客教研组，配备专职和兼职教师；（2）制度保障：制定教育教研评价标准及其奖励制度，如在教师绩效奖励中设立专项奖，对学生在科技创新活动表现优秀和取得优异成绩的给予奖励；（3）后勤保障：配备知识产权和创新教育的设施设备，如配备创客空间、专利作品展示栏。

### 2. 课程体系

开发了以学科教学为主，以创新社团活动、主题班会课和创新竞赛为辅的课程体系。主要包括学科教学课程、活动拓展课程、社团兴趣课程。

### 3. 实施体系

构建了“1234”教育模式；采取了“五个化”操作措施；实施了“十个一”活动形式。具体内容如下。

（1）构建了“1234”教育模式。这模式就是 1 个抓手：把知识产权作为创新教育一个重要抓手，将知识产权教育贯穿于创新教育的各个环节，使知识产权价值观嵌入学生核心素养培养，助推学生创新发展；2 个平台：孵育平台、展示平台。其中孵育平台是指利用创客空间的有利条件进行设计、制作和创作。展示平台是把创新成果的专利化、产权化，如发明作品申请专利、文艺作品进行著作发表和版权登记；3类课程：学科教学类课程、活动拓展类课程、社团兴趣类课程。其中学科教学类课程是指在学科教学中有机嵌入知识产权相关内容。活动拓展类课程是指拓展知识产权的校本课程，如创新体验、观摩活动、比赛宣传。社团兴趣类课程是指学校学生社团、兴趣小组的课程设置；4 种机制 ：常态机制、内驱机制、融合机制、保障机制。常态机制是指把知识产权作为学校科技创新教育工作的重要组成部分，进行常态管理。内驱机制是指把知识产权教育作为教师自身专业发展的新内容和新途径，要求教师自我学习和发展。融合机制是指把知识产权融合到教学、德育和团委工作的方方面面，齐抓共管。保障机制是指知识产权教育的组织保障、制度保障和后勤保障。

因为以上教育模式的抓手、平台、课程和机制共同组成了知识产权教育的四个支撑系统，因此我们也把这种教育模式叫作“四位一体”的实施手段，如图 2 所示。

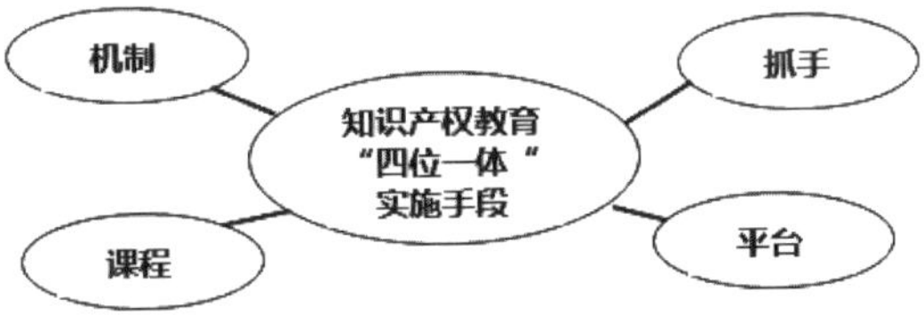


图 2 “四位一体”的实施手段

（2）采取了“五个化”操作措施。这“五个化”分别是：一、创新课程常规化。把创新课程纳入常规要求，进行常规检查与评比；二、辅导培训经常化。经常开展创新辅导和培训，不断张扬创新个性；三、竞赛活动多元化。通过多渠道、多形式、多途径开展知识创新活动；四、表彰奖励制度化。对优秀的创新表现和成果进行定期的表彰和奖励，以激励师生的创新热情，如年度创新标兵、年度创新班级的评比和表彰；五、创新成果产权化。鼓励师生把创意创新点子、作品申请专利，把文艺创作的作品进行署名发表等著作权利版权保护。

（3）实施了“十个一”活动形式。这“十个一”分别是：讲一讲、找一找、走一走、议一议、做一做、听一听、赛一赛、评一评、唱一唱、奖一奖。具体内容是：一、讲一讲。讲身边企业品牌发展的故事；二、找一找。找自已身边有哪些著名商标和专利发明人；三、走一走。采访九江的品牌企业、专利发明人；四、议一议。对正版和盗版展开讨论；五、做一做。进行小发明、小商标等比赛；六、听一听。请专家进行知识产权专题讲座；七、赛一赛。开展知识产权知识和创新比赛；八、评一评。谁是知识产权宣传和保护标兵；九、唱一唱。唱响科技创新和知识产权保护赞歌；十、奖一奖。奖励创新和发明的优秀学生。

### （三）实施策略

#### 1. 制订教育目标

把知识产权教育的总目标（包括培养知识产权意识、营造“崇尚创新、诚信守法”氛围和提升学生创新实践能力）进行年级目标细化，制订切实可行的知识产权教育年级分解目标，如表 2 所示。

表 2　知识产权教育年级分解目标

| 目标体系 | | 年级分解 | |
|---|---|---|---|
| 目标层 | 准则层 | 七年级 | 八年级 |
| 创造潜力（发展目标） | 能力提升 | 发展创新情感、兴趣、创新思维 | 发展创新思维、创新素质 |
| 知识产权素养（过程目标） | 知识掌握 | 了解知识产权基础概念 | 初步运用知识产权知识 |
| | 行为规范 | 建立行为约束、规范养成 | 确立自我管理与自我教育 |
| | 品德发展 | 形成尊重创造、守法意识 | 形成自律诚信、法治观念 |
| | 意识培养 | 启发知识产权意识 | 增强知识产权意识 |
| 价值观（基础目标） | 尊重知识、崇尚创新、诚信守法 | 初步树立知识产权文化 | 强化认同知识产权文化 |

#### 2. 优化教育方法

（1）镶嵌式教育法。有意识将知识产权的知识镶嵌在日常教育教学工作中，不着痕迹地增强学生知识产权意识。如政治老师、科技老师在学科教学中渗透知识产权教育的知识、内容，提高学生对知识产权的认识。

（2）专项式教育法。组织开展知识产权教育专项主题活动。比如给初一、初二学生进行“走近知识产权”讲座，组织开展对身边居民侵犯著作权的调查。

3. 采取相应做法

一是德育中的讲规矩、讲诚信教育，把讲规矩、讲诚信作为学生的日常行为规范加以落实；二是教学中的知识创新，把知识创新作为学科教学必备的拓展内容加以检查；三是创新成果的保护和转化，如鼓励文章发表、申请专利。

（四）课程体系

本项目成功构建了知识产权校本课程体系，主要内容包括课程设置、课程目标、课程内容和课程评价等。具体说明如下：

1. 课程设置

将知识产权教育纳入学校的工作计划，开设必修课、选修课，逐步形成知识产权教育的课程体系。在科技校本课程中，规定一学年开设3至5节知识产权课程。把科技课作为学生必修课，初一年级每周一节，初二年级每两周一节，由专职和兼职的科技教师担任。教材为《科技与创新》校本教材、《知识产权教育读本》。

2. 课程目标

（1）普及学习知识产权基础知识。

（2）提高知识产权意识，培育知识产权文化素养。

（3）培养学生尊重创造、崇尚创新的情感。

3. 课程内容

把知识产权教育纳入学校的课程体系。具体课程内容和教育目标，如表3所示。

表3 知识产权课程内容和教育目标

| 主题单元 | 专题内容 | 教育目标 |
|---|---|---|
| 智力活动与知识产权 | 1. 智力活动推动社会进步<br>2. 发明与创新的制度保护<br>3. 知识产权与我们息息相关 | 知识：知识产权概念、发展历史<br>能力：发现、分析和解决问题的方法<br>情感态度价值观：创新精神、社会责任 |
| 发明创造与专利保护 | 1. 发明与专利的概念<br>2. 专利申请<br>3. 专利权的保护与运用 | 知识：发明与创新、专利知识、专利种类<br>能力：发明创造方法，专利申请方法、过程，专利转化方式<br>情感态度价值观：创新精神、社会责任 |
| 商标体现产品信誉 | 1. 身边的商标<br>2. 商标与商标权<br>3. 商标的价值 | 知识：商标种类、知名商标、商标的价值<br>能力：商标设计、商标注册、维权方法<br>情感态度价值观：创新精神、创业信念 |

续表

| 主题单元 | 专题内容 | 教育目标 |
|---|---|---|
| 著作权激发作品创作 | 1. 文艺创造与著作权保护<br>2. 作品与作者<br>3. 著作权人的权利<br>4. 著作权的许可与保护 | 知识：作品类型、著作权等知识<br>能力：非法出版物的识别，维权的方式<br>情感态度价值观：遵纪守法意识、道德素养，社会责任 |
| 综合实践活动 | 1. 身边的知识产权大搜索<br>2. 企业专利情况调查<br>3. 一起来做小发明家<br>4. 做一次商标设计师<br>5. 著作权侵权小调查 | 能力：调查研究、数据分析、报告撰写、结果呈现等科学研究的方法和能力<br>情感态度价值观：爱国情怀，知识产权保护意识，创新报国的社会责任 |

#### 4. 课程评价

知识产权课程不是一门独立的课程，不能作为一门学科去评价，但可作为一个重要内容在学科教学课程、社团拓展课堂和活动课程中去评价。对教师评价以教师自我评价和科组评价为主，评价内容从教学设计、教学实施、教学反思和教学创新等方面考虑，并公布情况。

### （五）学术贡献

本研究形成的具有实践指导意义的报告、论文、教材和教学案例，从理论上丰富了知识产权教育内涵。本研究成果多次在全国各地知识产权教育师资培训上被当作培训专题讲座材料并加以推广，多次在省级以上媒体报道，在全国具有领先地位。

#### 1. 研究报告

本课题研究报告，总结了本项目的主要做法和经验，多次在省级以上获奖。我校学生实践报告作品“我们保护知识产权行动”获第 24 届广东省青少年科技创新大赛一等奖。

#### 2. 论文

本课题研究论文超过 10 篇在省级以上发表或获奖。其中 2019 年 5 月刘志伟老师的论文《创新点亮教育》发表于《中国教育报》，2010 年 2 月发表的论文《头脑奥林匹克的创新实践研究》和《开展知识产权学习，促进创新发展》分别获全国基础教育课程改革综合实践活动成果评比一、二等奖。

#### 3. 教材和专著

本课题研究成果出版了教材和专著 3 本。其中 2015 年 10 月《青少年科技创新实践》专著由清华大学出版社出版，2018 年 5 月《农村初中科技教育创新之路》专著由吉林大学出版社出版。

### （六）成果创新点

#### 1. 理念创新

将知识产权价值观、文化观嵌入学生核心素养培养中。把以往过多关注知识掌握转变为重点关注核心素养发展。

#### 2. 课程创新

开发了以学科教学为主，创新社团活动、主题班会课和创新竞赛为辅的课程体系。课程体系包括学科教学课程、活动拓展课程、社团兴趣课程。

#### 3. 实践创新

（1）成功构建了知识产权教育体系，包括保障体系、课程体系、实施体系。（2）成功构建了知识产权教育实施体系，包括“1234”教育模式、“五个化”操作措施和“十个一”活动形式。

#### 4. 价值创新

通过知识产权教育，学生形成了尊重知识、崇尚创新的意识，实现了“教育一个学生，影响一个家庭，带动整个社会”的社会价值。

### （七）相关成果

本实践研究，形成了一系列有价值的物化成果，如创新作品、专利作品、创新设施设备、教育案例、课件、视频等。

本实践研究，形成了一系列非物化成果，如尊重知识、崇尚创新、诚信守法的知识产权文化深入师生人心，一种尊重创新、诚实守信的文化氛围渐成风尚。

## 四、效果

### （一）实践效果

本项目实践达到了普及知识产权知识，培养知识产权意识，树立知识产权理念的教育效果，得到了世界知识产权组织和国家知识产权局领导的充分肯定和高度评价。

#### 1. 发展了学生科学素质

本项目实践，发展了学生的创造力，提高了学生科学素质。近十五年我校全部学生接受知识产权教育，全部学生具备知识产权保护意识。创新方案、创造成果、创意作品大量涌现，师生的创新意识、创新精神和创造能力得到了充分发挥。近十五年我校师生申请国家专利 115 项，获专利授权 72 项。参加科技竞赛获国家级以上奖励超过 200 人次、国际奖项 24 项。其中获国际发明展金奖 11 项、世界头脑奥林匹克创新大赛冠军 4 项、亚军 1 项、最佳创造力奖 2 项。

**2. 增强了教师科研能力**

本项目实践，教师的知识创新能力和知识产权意识显著增强。总结的知识产权和创新教育论文和案例，获省级以上奖励超过 20 项，其中在全国创造力课程开发作课比赛获一等奖。我校实验教师因创新教育成绩突出获省级以上荣誉超过 10 项，其中刘志伟主任被评为国家“万人计划”创新领军人才。

**3. 推进了学校科学发展**

本项目实践，凸显了学校的知识产权和创新教育特色，使我校由原来普通的农村中学变为现在国内外有一定知名度的知识创新特色学校。我校因创新教育成绩显著，近十五年获全国中小学知识产权教育示范学校等超过 20 项省级以上荣誉。

**（二）创新价值**

**1. 实践创新价值**

我校创造性地开发了知识产权教育体系，对开发学生创造力进行了富有成效的实践探索，为其他学校提供了一个可资借鉴的成功经验和样本，在全国具有领先水平。近十五年我校知识产权教育特色每年吸引超过一千人次慕名前来参观交流，学校先后承办了全国中小学知识产权教育研讨会等近十项省级以上知识产权教育研讨会、现场会和比赛现场，多次在全国各地做知识产权教育经验介绍和专题发言。

**2. 理论创新价值**

我校创造性地构建了科学系统的知识产权教育体系，形成了具有实践指导意义的研究报告、研究论文和教学案例，在《中国教育报》《人民教育》等报刊刊载。这从理论上丰富了知识产权教育的内涵、实质和意义，对于我国实施知识产权教育具有借鉴作用和参考价值。

（本成果获 2019 年广东省教育教学成果奖一等奖）

# 第四章

# 创新创客作品介绍

# 智能晾衣架

**发明学生：**郭汶乐、谭钰禧，**指导老师：**刘天荣
**所在学校：**佛山市南海区狮山镇石门实验中学

## 一、背景技术

现在常用的晾衣架一般是固定在阳台上，虽然有电动晾衣架，但是不够智能化，不能应对各种天气变化而且晾衣效果不够好。

## 二、发明内容

本发明为智能晾衣架，可以应对各种天气变化，智能化地利用太阳光晾晒衣服，避免下雨对晾晒衣服的影响。本发明由雨水感应器、温度湿度感应器、电动衣架和智能蓝牙语音系统四部分组成。其中智能蓝牙系统可以连接手机蓝牙，接收语音指令；感应器可以感应各种天气情况并做出反应，从而更有效、合理地晾晒衣服。

本发明由雨水感应器、温度湿度感应器、电动晾衣架和智能蓝牙语音系统组成。电动衣架内含 3V 电池、控制器开关、小马达等；雨水感应器由感应板、电路板、5V 电池等组成；温度湿度感应器由感应探头、电路板、5V 电池等组成；智能蓝牙语音系统由蓝牙接收器、控制板、电池等组成。智能晾衣架的结构图如图 1 所示，实物图如图 2 所示。

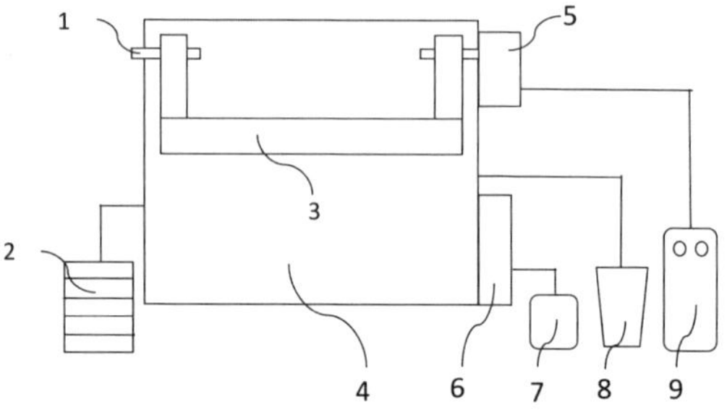


1—固定轴，2—雨水感应器，3—晾衣架，4—阳台模型，5—马达舵机，6—智能蓝牙控制器，7—蓝牙接收器，8—温度湿度感应器，9—电动控制器

**图 1　智能晾衣架的结构图**

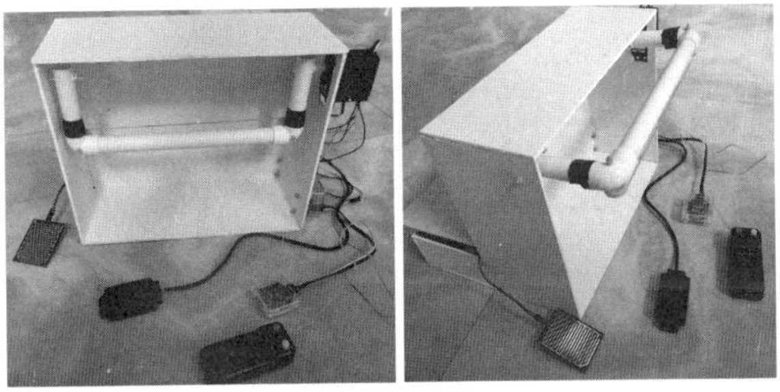

图 2　智能晾衣架的实物图（左为晾衣架收回，右为晾衣架伸出）

## 三、工作原理

智能蓝牙语音系统连接手机蓝牙，可以接收手机语音指令，控制晾衣架伸出和收回；雨水感应器、温度湿度感应器都具有感应室外天气功能。其中雨水感应器是通过感应板感应室外是否有雨水，从而触发电动机对衣架进行收回到阳台内；温度湿度感应器是通过感应探头对室外的温度和湿度进行测定，从而判断阳光强度是否合适于晾衣，并触发电动机对衣架进行伸出到阳台外。而且电动晾衣架不仅可以手动控制，还可以通过语音蓝牙进行调整晾衣架伸出和收回，加上对雨水、温度和湿度的感应，因此晾晒衣服更有效、合理。

## 四、创新点

（1）结构创新。第一，把电动晾衣架和感应器装置进行有机结合；第二，把雨水感应器、温度感应器和湿度感应器调控装置进行了有机组合。第三，把晾衣架和智能蓝牙语音系统进行有机结合。

（2）功能创新。第一，将晾衣杆电动伸缩和升降功能结合在一起，更有效地进行晾衣；第二，增加雨水、温度和湿度感应器调控装置，应对各种天气的变化，保障了晾衣的质量。第三，增加了智能蓝牙语音系统，可以连接手机蓝牙接收手机语音指令，控制晾衣架伸出和收回，增加便利程度。

点评：本发明从日常生活中发现问题，指导学生运用智能技术进行实验探究，解决生活中的实际问题。作品具有很好的实用性、创新性和先进性。

（本发明获第 7 届澳门国际创新发明展金奖、第 35 届佛山市青少年科技创新大赛一等奖。）

# 智能浇水施肥装置

**发明学生：**学生卢星羽、谭宏佳，**指导老师：**刘志伟、区坤开
**所在单位：**佛山市南海区九江镇初级中学

## 一、背景技术

家庭种植的花卉经常要浇水施肥，如果有时忙起来忘记了，就会长不好或死掉。本发明探索自动浇水和施肥技术，并能根据植物需要来自动完成浇水和施肥的工作。

## 二、发明内容

本发明为智能的种植养殖一体化系统，实现了智能化的全自动浇水和施肥，呵护植物健康生长。本发明装置包括肥料容器、供水器、控制器、含水量感应器、土壤肥力测试器、定时器和在线土壤/基质肥力氮磷钾传感器(系统)。智能浇水施肥装置的结构图如图1所示，实物图如图2所示。

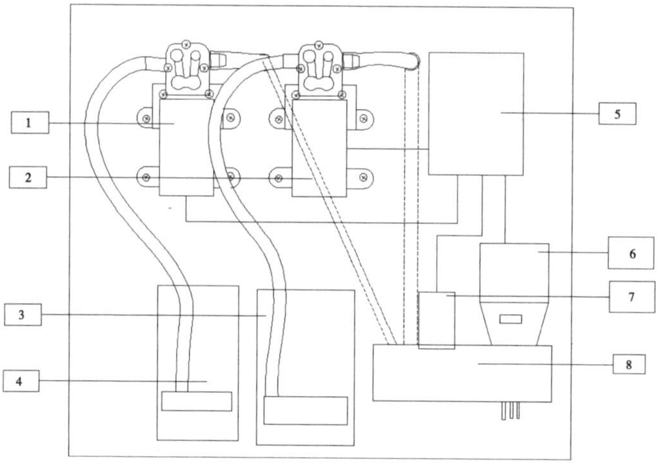


1—抽水泵　2—抽肥泵　3—肥料　4—水　5—控制器　6—土壤肥力感应器　7—土壤湿度感应器　8—土壤

**图1　智能浇水施肥装置的结构图**

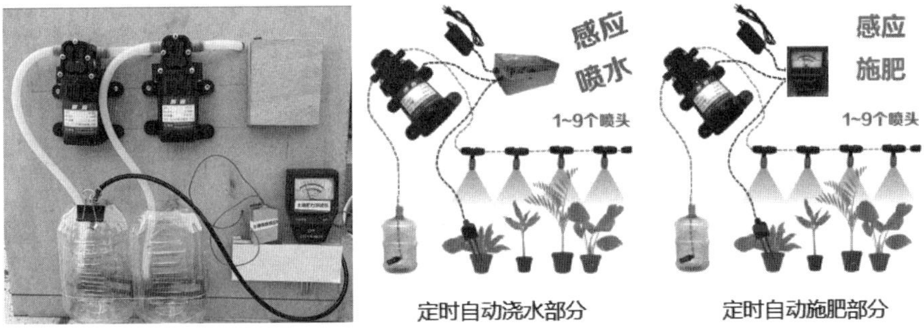


图 2　智能浇水施肥装置的实物图

## 三、工作原理

（1）全自动浇水原理。全自动浇水，是因为有自动浇水器。它包括检测土壤湿度感应棒、喷水装置和定时器。当土壤湿度少（缺水），在许可时间里会自动喷水；当土壤湿度大（不缺水），则不会喷水。

（2）全自动施肥原理。全自动施肥，是因为有自动施肥器，它包括土壤肥力测试仪、施肥器、定时器和在线土壤 / 基质肥力氮磷钾传感器（系统）。当土壤缺肥时，在许可时间会自动施肥；当土壤不缺肥，则不会施肥。在线土壤 / 基质肥力氮磷钾传感器(系统)，能精准感知土壤中氮、磷、钾的含量，并实施精准施肥。

## 四、创新点

（1）结构创新。把土壤湿度感应器、供水器、控制器、土壤肥力测试器、肥料容器、定时器和在线土壤 / 基质肥力氮磷钾传感器（系统）进行有机组合，形成新的具有定时自动浇水和施肥的结构装置。

（2）功能创新。精准全自动定时浇水，保证土壤不会缺水；精准智能施肥，保证土壤不缺肥，特别是土壤中氮、磷、钾的含量能满足植物生长需求。

点评：本发明从日常生活中发现问题，指导学生进行实验探究，解决生产和生活中的实际问题。作品具有很好的实用性、创新性和先进性。

（本发明已申请国家专利，专利号为 201710990903.2。本发明获第 46 届日内瓦国际发明展金奖。）

# 智能种殖养殖系统

**发明学生**：卢星羽，**指导老师**：刘志伟

**所在单位**：佛山市南海区九江镇初级中学

## 一、背景技术

种植和养殖是现代农业生产的重要内容。现有的种植和养殖系统是分开的，独立的，且养殖系统中的池塘大小是固定的，也没有智能化的管理。

## 二、发明内容

本发明是一种在智能手机环境下具备控制种植和养殖功能的装置系统，包括种植系统、养殖系统和智能监控系统，其中种植系统由种植槽、营养土壤组成；养殖系统由养殖槽、水循环系统组成；智能监控系统由滴灌控制装置、换水控制装置、净水装置、温湿度调控装置及摄像机组成，并通过智能手机 APP 实时监控。智能种植养殖系统的结构图如图 1 所示，实物图如图 2 所示。

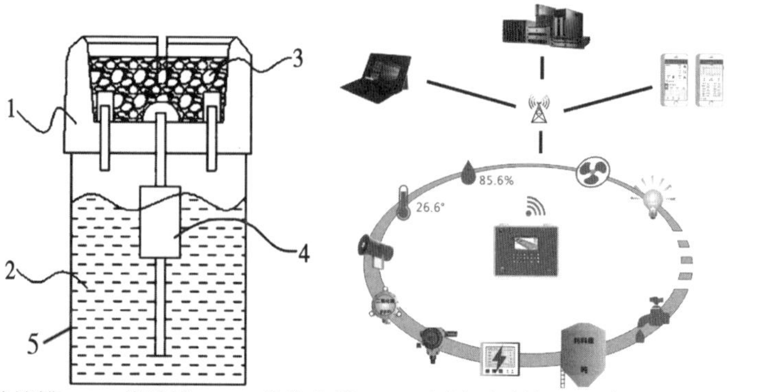


1—种植槽，2—养殖槽，3—营养土壤，4—水循环系统，5—智能监控系统（包括滴灌控制装置、换水控制装置、温湿度调控装置、摄像机、智能手机 APP）

**图 1　智能种植养殖系统的结构图**

图 2　智能种植养殖系统的实物图

## 三、工作原理

（1）智能监控及调节原理。智能手机 APP 能通过物联网的监控系统实现对物体的实时监控，其中换水控制装置的水位控制器能自动检测水位而自动加水或关水；净水装置及水循环系统能将过滤后的水供向水道及养殖槽，实现水的净化和循环；温湿度调控装置能监控水体的温度和土壤的湿度。

（2）种植和养殖增产原理。种植槽或周边农田种植的花卉、蔬菜，因水的流动带来鱼的粪便而提高肥力。而养殖槽因水流动而增大面积，提高养殖体积。

## 四、创新点

（1）结构创新。第一，把种植和养殖功能的结构装置进行有机组合；第二，把滴灌控制装置、换水控制装置、净水装置、温湿度调控装置及摄像机进行有机组合，并与智能手机 APP 在线连接。

（2）功能创新。第一，在固定的占地面积上同时完成种植与养殖，因水的流动带来鱼的粪便而提高肥力。如果是农田，则因水的流动而增大养殖面积和体积，从而提高经济效益；第二，运用智能手机对本系统的监控，实现对种植和养殖的欣赏和科学管理。

点评：本发明把智能手机与现代种植和养殖的技术进行改造、结合，创造种植和养殖的新产品、新功能。具有先进性、创新性和实用性的特点。

（本项目获第 70 届德国纽伦堡国际发明展金奖。）

# 防雨防晒翻转座鞍（带储物箱舒适款）

佛山市南海区华南师范大学附属小学恒大南海学校　刘军

## 一、背景技术

自行车、电动自行车、摩托车等两轮车经常停放在户外，晴天时，座鞍会被太阳晒得滚烫，雨天时又会被雨水淋湿，在这些情况下使用两轮车时，烫屁股或裤子被弄湿，均会使得骑行体验感差。现有的解决方法是给两轮车盖上防晒防雨布，但是难免会有布被风刮走或被其他人拿走的情况出现。因此，如何对两轮车座鞍进行防雨防晒，是本领域技术人员需要解决的技术问题。

## 二、发明内容

1. 本发明提供了一种两轮车座鞍，包括翻转面板、底座和铰接件；翻转面板通过铰接件与底座万向铰接，翻转面板置于底座的上方。本发明所提供的两轮车的座鞍，通过设置铰接件，将翻转面板设计为可翻转的结构。

2. 本发明的翻转面板由若干根板条活动连接组合而成，使得翻转面板横向可弯曲，但纵向是硬的，足以支撑人坐上面。此外，翻转面板还包括减震材料和外层皮料，减震材料和外层皮料由内到外依次设置于翻转面板表面。

3. 本发明的底座设计成储物箱；翻转面板设计成与储物箱相匹配的箱盖，翻转面板既是可翻转座垫，又是储物箱的箱盖。

**附图说明：**

图 1 是设计图

图 2 是作品顶视图

图 3 是作品顶视图

图 4 是翻转面板侧翻状态侧视图

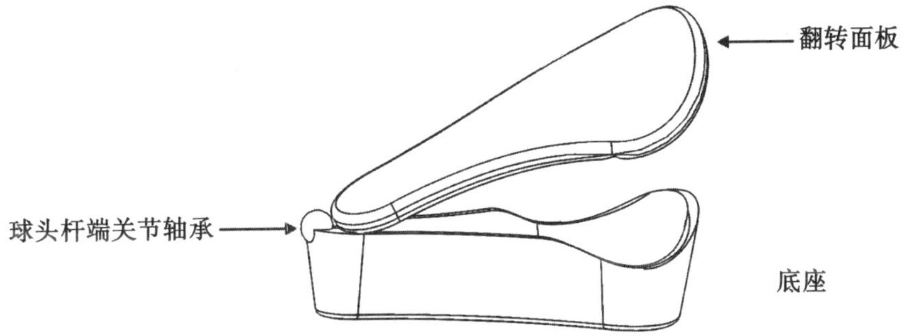


图 1　翻转座标设计图

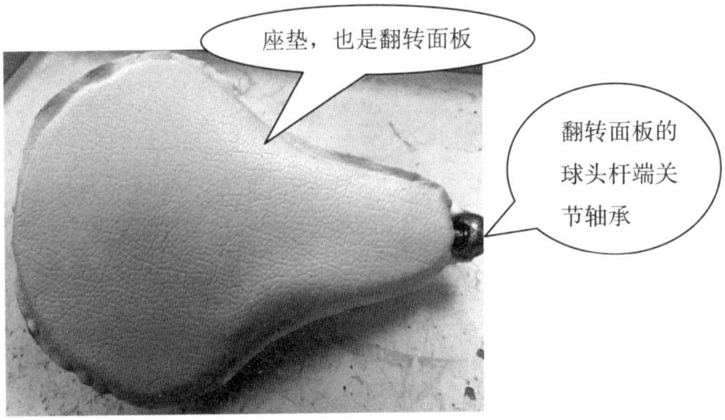


图 2　翻转座鞍的顶视图

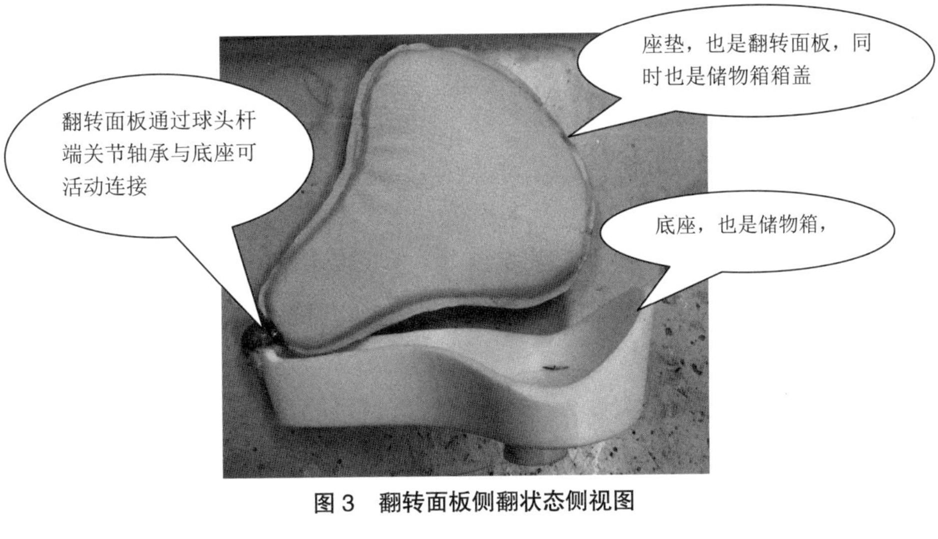


图 3　翻转面板侧翻状态侧视图

图 4　翻转面板侧翻状态后视图

## 三、工作原理

1. 座鞍面板可翻转原理：铰接件为球头杆端关节轴承。翻转面板与球头杆端关节轴承的杆端连接，底座与球头杆端关节轴承的球套连接，翻转面板能够绕球头杆端关节轴承的轴向 360 度旋转，同时翻转面板还能连同球头杆端关节轴承的轴绕球头杆端关节轴承的球头在球套中多角度转动。

2. 翻转面板可弯曲原理：因为翻转面板由若干根板条活动连接组合而成，就好像古代的竹简一样，将竹片用绳子编织起来，使得翻转面板横向可弯曲，但纵向是硬的，足以支撑人坐在上面。

## 四、创新点

1. 翻转面板与底座是采用万向节连接，可多角度随意旋转。当翻转面板的一面受到日晒雨淋后，将翻转面板翻转，使得另一面朝上，解决了座鞍被日晒雨淋导致的骑行体验感差的问题

2. 翻转座椅底座是一个储物箱，里面可以放一些物品，如瓶装矿泉水等。

3. 翻转座鞍的翻转面板为横向可弯曲的，就像竹席可以卷起来，但纵向是硬的，足以支撑人坐在上面。这样可以让座椅更体现人体工程学原理。

# 超级防脱落鱼钩

石门实验中学附属小学　詹江陆

## 一、背景技术

钓鱼的时候老是脱钩、跑鱼。是钓鱼技术不娴熟，还是鱼钩本身设计得不完美？本发明通过探索发现鱼进食的习性，以及解析市面上买到的鱼钩，找到不足，改良出新型鱼钩，大大减少鱼脱钩的现象。

## 二、发明内容

本发明为防脱落鱼钩装置，从结构上实现了鱼咬钩后不再脱落的功能，防脱落鱼钩装置的实物图见图 1。

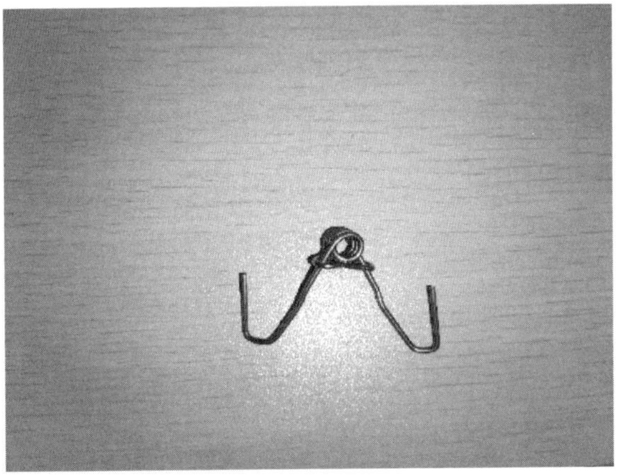

图 1　防脱落鱼钩

## 三、工作原理

（1）卡扣装置。卡扣装置负责将处于压缩状态的鱼钩保持住形状。在鱼吃饵时会随着饵料进入鱼嘴中，受到挤压松开鱼钩，触发鱼钩的弹性装置。

（2）弹性装置。运用金属材料弹性形变的原理设计鱼钩弹开装置，能在卡扣装置触发时紧急弹开变大，卡在鱼嘴中，从而使鱼不再脱钩。

## 四、创新点

（1）结构创新。抛弃传统的单边鱼钩的结构，使用更强力的双头鱼钩结构，同时创新性地加入弹簧结构，使鱼钩具备压缩变小的功能，更有利于鱼钩进入鱼嘴中，满足钓不同大小的鱼的需要。

（2）功能创新。固定饵料，在鱼钩固定饵料的地方套上弹簧，使饵料在鱼钩上更有摩擦力，紧紧地固定在鱼钩上。